基于大数据的档案管理与资源建设

吴利珍 ◎ 著

吉林出版集团股份有限公司

图书在版编目（CIP）数据

基于大数据的档案管理与资源建设 / 吴利珍著. —

长春 : 吉林出版集团股份有限公司，2021.11

ISBN 978-7-5731-0643-8

Ⅰ．①基⋯ Ⅱ．①吴⋯ Ⅲ．①档案管理－信息化建

设－研究 Ⅳ．①G270.7

中国版本图书馆 CIP 数据核字 (2021) 第 235990 号

基于大数据的档案管理与资源建设

著　　者	吴利珍
责任编辑	曲珊珊
封面设计	林　吉
开　　本	787mm×1092mm　　1/16
字　　数	180 千
印　　张	8.25
版　　次	2021 年 12 月第 1 版
印　　次	2021 年 12 月第 1 次印刷
出版发行	吉林出版集团股份有限公司
电　　话	总编办：010-63109269
	发行部：010-63109269
印　　刷	北京宝莲鸿图科技有限公司

ISBN 978-7-5731-0643-8　　　　　　　　　　　定价：58.00 元

前　言

伴随现代化技术的不断发展，大数据逐渐运应用到各行各业，采用信息化与数字化技术构建档案资源综合管理平台具有重要意义。其中作为企事业档案的重要组织机构，档案资源的规范管理具有十分重要的意义，档案资源管理系统的建立，可有效地保证企业资源管理系统共享机制，构建数字档案信息资源库，顺应信息化时代的发展趋势，也是促进档案管理信息化、增强日常档案资源服务质量的主要举措。

随着信息化时代的到来，加强档案资源信息化平台建设迫在眉睫，必须顺应大数据的发展环境，不断地完善档案资源的信息化管理与数据化管理。事实上档案工作虽然是基础性的工作，但也是一项长期性的重要工作，任何与档案管理有关的信息数据均应得到准确、细致的管理，必须在保障档案工作稳定的基础上，最大限度地发挥与挖掘档案资源的社会价值，将其更好地应用到国民经济的发展中，推动社会与企业的持续健康发展。

提高档案管理工作有效性，还要采用种类多样、来源广泛与生成快速的档案管理体系，注重利用市场方式弥补档案管理工作中资金、技术、人才的不足。首先，以市场需要为导向，引入更多市场主体参与档案信息资源共建，发挥市场在档案信息资源共建方面的调节作用，促进档案资源的合理流动，有效地节约档案成本。其次，还要采用公益制模式和产业制模式，向双轨制的方向促进档案事业的快速发展，共建无偿性档案服务机制，可以在众包模式下实现档案资源的市场调节供给，从而达到促进档案资源丰富化、有序化和多样化发展的目标。

档案管理工作应当在大数据背景下形成统一平台，借助多样化的模式促进档案事业的发展，有效地解决企事业单位档案建设孤立的现实问题，从而促进档案事业发展，解决档案管理建设事业的现实困境。

吴利珍

2021 年 3 月

目　录

第一章　大数据概述

第一节　大数据发展历程

当前，全球大数据正进入加速发展时期，技术产业与应用创新不断迈向新高度。大数据通过数字化丰富要素供给，通过网络化扩大组织边界，通过智能化提升产出效能，不仅是推进网络强国建设的重要领域，更是新时代加快实体经济质量变革、效率变革、动力变革的战略依托。本节聚焦近期大数据各领域的进展和趋势，梳理主要问题并进行展望。在技术方面，重点探讨了近两年最新的大数据技术及其融合发展趋势；在产业方面，重点讨论了中国大数据产品的发展情况；在数据资产管理方面，介绍了行业数据资产管理、数据资产管理工具的最新发展情况，并着重探讨了数据资产化的关键问题；在安全方面，从多角度分析了大数据面临的安全问题和技术工具。

一、国际大数据发展概述

近年，全球大数据的发展仍处于活跃阶段。根据国际权威机构 Statista 的统计和预测，全球数据量在 2019 年达到 41ZB。

2019 年以来，全球大数据技术、产业、应用等多方面的发展呈现新的趋势，也正在进入新的阶段。以下将对国外大数据战略、技术、产业等领域的最新进展进行简要叙述。

（一）大数据战略持续拓展

相较于几年前，2019 年国外大数据发展在政策方面略显平淡，只有美国的《联邦数据战略第一年度行动计划》（*Federal Data Strategy Year-1 Action Plan*）草案比较受关注。2019 年 6 月 5 日，美国发布了《联邦数据战略第一年度行动计划》草案，这个草案包含了每个机构开展工作的具体可交付成果，以及由多个机构共同协作推动的政府行动，旨在编纂联邦机构如何利用计划、统计和任务支持数据作为战略资产来发展经济、提高联邦政府的效率、促进监督和提高透明度。

相对于三年前颁布的《联邦大数据研发战略计划》，美国对于数据的重视程度继续提升，并出现了聚焦点从"技术"到"资产"的转变，其中更是着重提到了金融数据和地理信息数据的标准统一问题。此外，配套文件中"共享行动：政府范围内的数据服务"成为亮点，针对数据跨机构协同与共享，从执行机构到时间节点都进行了战略部署。

早些时候，欧洲议会通过了一项决议，敦促欧盟及其成员国创造一个"繁荣的数据驱动经济"。该决议预计，到 2020 年，欧盟 GDP 将因更好的数据使用而增加 1.9%。但遗憾的是，据统计目前只有 1.7% 的公司充分利用了先进的数字技术。

拓宽和深入大数据技术应用是各国数据战略的共识。据了解，美国 2020 年人口普查有望采用差分隐私等大数据隐私保护技术来提高对个人信息的保护。英国政府统计部门正在探索利用交通数据，通过大数据分析及时跟踪英国经济走势，提供预警服务，帮助政府进行精准决策。

（二）大数据底层技术逐步成熟

近年来，大数据底层技术发展呈现逐步成熟的态势。在大数据发展的初期，技术方案主要聚焦于解决数据"大"的问题，Apache Hadoop 定义了最基础的分布式批处理架构，打破了传统数据库一体化的模式，将计算与存储分离，聚焦于解决海量数据的低成本存储与规模化处理。Hadoop 凭借其友好的技术生态和扩展性优势，一度对传统大规模并行处理（Massively Parallel Processor，MPP）数据库的市场造成影响。但当前 MPP 在扩展性方面不断突破（2019 年中国信通院大数据产品能力评测中，MPP 大规模测试集群规模已突破 512 节点），使得 MPP 在海量数据处理领域重新获得一席之位。

MapReduce 暴露的处理效率问题及 Hadoop 体系庞大复杂的运维操作，推动计算框架不断进行着升级演进。随后出现的 Apache Spark 已逐步成为计算框架的事实标准。在解决了数据"大"的问题后，数据分析时效性的需求愈加突出，Apache Flink、Kafka Streams、Spark Structured Streaming 等近年来备受关注的产品为分布式流处理的基础框架打下了基础。在此基础上，大数据技术产品不断分层细化，在开源社区形成了丰富的技术栈，覆盖存储、计算、分析、集成、管理、运维等各个方面。据统计，目前大数据相关开源项目已达上百个。

（三）大数据产业规模平稳增长

国际机构 Statista 在 2019 年 8 月发布的报告显示，到 2020 年，全球大数据市场的收入规模预计达到 560 亿美元，较 2018 年的预期水平增长约 33.33%，较 2016 年的市场收入规模翻一倍。随着市场整体的日渐成熟和新兴技术的不断融合发展，未来大数据市场将呈现稳步发展的态势，增速维持在 14% 左右。在 2018—2020 年的预测期内，大数据市场整体的收入规模将保持每年约 70 亿美元的增长，复合年均增长率约为 15.33%。

从细分市场来看，大数据硬件、软件和服务的市场规模均保持较稳定的增长，预计到 2020 年，三大细分市场的收入规模将分别达到 150 亿美元（硬件）、200 亿美元（软件）、210 亿美元（服务）。具体来看，2016—2017 年，软件市场规模增速达到了 37.5%，在数值上超过了传统的硬件市场。随着机器学习、高级分析算法等技术的成熟与融合，更多的数据应用和场景正在落地，大数据软件市场将继续高速增长。预计 2018—2020 年，每年约有 30 亿美元的增长规模，复合年均增长率约为 19.52%。大数据相关服务的规模始终最高，预计 2018—2020 年的复合年均增长率约为 14.56%。相比之下，硬件市场增速最低，但仍能保持约 11.8% 的复合年均增长率。从整体占比来看，软件规模占比将逐渐增加，服务相关收益将保持平稳发展的趋势，软件与服务之间的差距将不断缩小，而硬件规模整体占比则逐渐减小。

（四）大数据企业加速整合

近两年来，国际具有影响力的大数据公司也遭遇了一些变化。2018 年 10 月，美国大数据技术巨头 Cloudera 和 Hortonworks 宣布合并。在 Hadoop 领域，两家公司的合并意味着"强强联手"，而在更加广义的大数据领域，则更像是"抱团取暖"。但毫无疑问，这至少可以帮助两家企业结束近十年的竞争，并且依靠垄断地位早日摆脱长期亏损的窘况。而从第三方的角度来看，这无疑会影响整个 Hadoop 的生态。开源大数据目前已经成为互联网企业的基础设施，两家公司合并意味着 Hadoop 的标准将更加统一，长期来看新公司的盈利能力也将大幅提升，并将更多的资源用于新技术的投入。从体量和级别上来看，新公司将基本代表 Hadoop 社区，其他同类型企业将很难与之竞争。

2019 年 8 月，惠普（HPE）收购大数据技术公司 MapR 的业务资产，包括 MapR 的技术、知识产权及多个领域的业务资源等。MapR 创立于 2009 年，属于 Hadoop 全球软件发行版供应商之一。专家普遍认为，企业组织越来越多以云服务形式使用数据计算和分析产品是 MapR 需求减少的重要原因之一。用户需求正从采购以 Hadoop 为代表的平台型产品，转向结合云化、智能计算后的服务型产品。这也意味着，全球企业级 IT 厂商的战争已经进入一个新阶段，即满足用户从平台产品到云化服务，再到智能解决方案的整体需求。

（五）数据合规要求日益严格

近两年来，各国在数据合规性方面的重视程度越来越高，但数据合规的进程仍任重道远。2019 年 5 月 25 日，旨在保护欧盟公民的个人数据、对企业的数据处理提出了严格要求的《通用数据保护条例》（GDPR）实施满一周年，数据保护相关的案例与公开事件数量攀升，同时也引起了诸多争议。

牛津大学的一项研究发现，GDPR 实施满一年后，未经用户同意而设置的新闻网站上的 Cookies 数量下降了 22%。欧盟 EDPB 的报告显示，GDPR 实施一年以来，欧盟当局收到了约 145000 份与数据安全相关的投诉和问题举报，共判处 5500 万欧元行政罚款。苹果、微软、Twitter、WhatsApp、Instagram 等企业也都遭到调查或处罚。

GDPR 正式实施之后，带来了全球隐私保护立法的热潮，并成功提升了社会各领域对数据保护的重视。例如，2020 年 1 月起，美国《加州消费者隐私法案》（CCPA）也将正式生效。与 GDPR 类似，CCPA 将对所有和美国加州居民有业务的数据商业行为进行监管。CCPA 在适用监管的标准上比 GDPR 更宽松，但是一旦满足被监管的标准，违法企业受到的惩罚更大。2019 年 8 月，IAPP（世界信息隐私方面的专业协会）、OneTrust（第三方风险技术平台）对部分美国企业进行了 CCPA 准确度调查，结果显示，74% 的受访者认为他们的企业应该遵守 CCPA，但只有大约 2% 的受访者认为他们的企业已经完全做好了应对 CCPA 的准备。除加州 CCPA 外，更多的法案正在美国纽约州等多个州陆续生效。

二、融合成为大数据技术发展的重要特征

当前，大数据体系的底层技术框架已基本成熟。大数据技术正逐步成为支撑型的基础设施，其发展方向也开始向提升效率转变，逐步向个性化的上层应用聚焦，技术的融合趋势愈加明显。下面将针对当前大数据技术的几大融合趋势进行探讨。

（一）算力融合：多样性算力提升整体效率

随着大数据应用的逐步深入，场景愈加丰富，数据平台开始承载人工智能、物联网、视频转码、复杂分析、高性能计算等多样性的任务负载。同时，数据复杂度不断提升，以高维矩阵运算为代表的新型计算范式具有粒度更细、并行更强、高内存占用、高带宽需求、低延迟高实时性等特点，以 CPU 为底层硬件的传统大数据技术无法有效满足新业务需求，出现性能瓶颈。

当前，以 CPU 为调度核心，协同 GPU、FPGA、ASIC 及各类用于 AI 加速"XPU"的异构算力平台成为行业热点解决方案，以 GPU 为代表的计算加速单元能够极大提升新业务计算效率。不同硬件体系融合存在开发工具相互独立、编程语言及接口体系不同、软硬件协同缺失等工程问题。为此，产业界试图从统一软件开发平台和开发工具的层面来实现对不同硬件底层的兼容，如 Intel 公司正在设计支持跨多架构（包括 CPU、GPU、FPGA 和其他加速器）开发的编程模型 oneAPI，它提供一套统一的编程语言和开发工具集，来实现对多样性算力的调用，从根本上简化开发模式，针对异构计算形成一套全新的开放标准。

（二）流批融合：平衡计算性价比的最优解

流处理能够有效处理即时变化的信息，从而反映出信息热点的实时动态变化。而离线批处理则更能体现历史数据的累加反馈。考虑到对于实时计算需求和计算资源之间的平衡，业界很早就有了 lambda 架构的理论来支撑批处理和流处理共同存在的计算场景。随着技术架构的演进，流批融合计算正在成为趋势，并不断向更实时更高效的计算推进，以支撑更丰富的大数据处理需求。

流计算的产生来源于对数据加工时效性的严苛要求。因为数据的价值会随时间流逝而降低，我们必须在数据产生后尽可能快地对其进行处理，比如实时监控、风控预警等。早期流计算开源框架的典型工具是 Storm，虽然它是逐条处理的典型流计算模式，但并不能满足"有且仅有一次"（Exactly-once）的处理机制。之后的 Heron 在 Storm 上做了很多改进，但相应的社区并不活跃。同期的 Spark 在流计算方面先后推出了 Spark Streaming 和

Structured Streaming，以微批处理的思想实现流式计算。而近年来出现的 Apache Flink，则使用了流处理的思想来实现批处理，很好地实现了流批融合的计算，国内包括阿里、腾讯、百度、字节跳动，国外包括 Uber、Lyft、Netflix 等公司都是 Flink 的使用者。2017 年，由伯克利大学 AMPLab 开源的 Ray 框架也有类似的思想，由一套引擎来融合多种计算模式，蚂蚁金服基于此框架正在进行金融级在线机器学习的实践。

（三）TA 融合：混合事务 / 分析支撑即时决策

TA 融合是指事务（Transaction）与分析（Analysis）的融合机制。在数据驱动精细化运营的今天，海量实时的数据分析需求无法避免。分析和业务是强关联的，但由于这两类数据库在数据模型、行列存储模式和响应效率等方面的区别，通常会造成数据的重复存储。事务系统中的业务数据库只能通过定时任务同步导入分析系统，这就导致了数据时效性不足，无法实时进行决策分析。

混合事务 / 分析处理（HTAP）是 Gartner 提出的一个架构，它的设计理念是为了打破事务和分析之间的"墙"，实现在单一的数据源上不加区分地处理事务和分析任务。这种融合的架构具有明显的优势，可以避免频繁的数据搬运操作给系统带来的额外负担，减少数据重复存储带来的成本，从而及时高效地对最新业务操作产生的数据进行分析。

（四）模块融合：一站式数据能力复用平台

大数据的工具和技术栈已经相对成熟，大公司在实战经验中围绕工具与数据的生产链条、数据的管理和应用等逐渐形成了能力集合，并通过这一概念来统一数据资产的视图和标准，提供通用数据的加工、管理和分析能力。

数据能力集成的趋势打破了原有企业内的复杂数据结构，使数据和业务更贴近，并能更快地使用数据驱动决策。主要针对性地解决三个问题：一是提高数据获取的效率；二是打通数据共享的通道；三是提供统一的数据开发能力。这样的"企业级数据能力复用平台"是一个由多种工具和能力组合而成的数据应用引擎、数据价值化的加工厂，来连接下层的数据和上层的数据应用团队，从而形成敏捷的数据驱动精细化运营模式。阿里巴巴提出的"中台"概念和华为公司提出的"数据基础设施"概念都是模块融合趋势的印证。

（五）云数融合：云化趋势降低技术使用门槛

大数据基础设施向云上迁移是一个重要的趋势。各大云厂商均开始提供各类大数据产品以满足用户需求，纷纷构建自己的云上数据产品。早期的云化产品大部分是对已有大数据产品的云化改造，现在，越来越多的大数据产品从设计之初就遵循了云原生的概念进行开发，生于云长于云，更适合云上生态。

向云化解决方案演进的最大优点是用户不用再操心如何维护底层的硬件和网络，能够更专注于数据和业务逻辑，很大程度降低了大数据技术的学习成本和使用门槛。

（六）数智融合：数据与智能多方位深度整合

大数据与人工智能的融合主要体现在大数据平台的智能化与数据治理的智能化。

智能的平台：用智能化的手段来分析数据是释放数据价值高阶之路，但用户往往不希望在两个平台间不断地搬运数据，这促成了大数据平台和机器学习平台深度整合的趋势，大数据平台在支持机器学习算法之外，还将支持更多的 AI 类应用。Databricks 为数据科学家提供一站式的分析平台 Data Science Workspace，Cloudera 也推出了相应的分析平台 Cloudera Data Science Workbench。2019 年年底，阿里巴巴基于 Flink 开源了机器学习算法平台 Alink，并已在阿里巴巴搜索、推荐、广告等核心实时在线业务中进行了广泛实践。

智能的数据治理：数据治理的输出是人工智能的输入，即经过治理后的大数据。AI 数据治理，是通过智能化的数据治理使数据变得智能。通过智能元数据感知和敏感数据自动识别，对数据自动分级分类，形成全局统一的数据视图。通过智能化的数据清洗和关联分析，把关数据质量，建立数据血缘关系。数据能够自动具备类型、级别、血缘等标签，在降低数据治理复杂性和成本的同时，得到智能的数据。

三、大数据产业蓬勃发展

近年来，中国大数据产业蓬勃发展，融合应用不断深化，数字经济量质提升，对经济社会的创新驱动、融合带动作用显著增强。下面将从政策环境、主管机构、产品生态、行业应用等方面对中国大数据产业发展的态势进行简要分析。

（一）大数据产业发展政策环境日益完善

产业发展离不开政策支撑。中国政府高度重视大数据的发展。自 2014 年以来，中国国家大数据战略的谋篇布局经历了四个不同阶段。

（1）预热阶段：2014 年 3 月，"大数据"一词首次写入政府工作报告，开始为中国大数据发展的政策环境搭建预热。从这一年起，"大数据"逐渐成为各级政府和社会各界的关注热点，中央政府开始提供积极的支持政策与适度宽松的发展环境，为大数据发展创造机遇。

（2）起步阶段：2015 年 8 月 31 日，国务院正式印发了《促进大数据发展行动纲要》(国发〔2015〕50 号)，成为中国发展大数据的首部战略性指导文件，对包括大数据产业在内的大数据整体发展做出了部署，体现出国家层面对大数据发展的顶层设计和统筹布局。

（3）落地阶段：《中华人民共和国国民经济和社会发展第十三个五年规划纲要》的公布标志着国家大数据战略正式提出，彰显了中央对于大数据战略的重视。2016 年 12 月，工信部发布《大数据产业发展规划（2016—2020 年）》，为大数据产业发展奠定了重要的基础。

（4）深化阶段：随着国内大数据迎来全面良好的发展态势，国家大数据战略也开始走向深化阶段。2017 年 10 月，党的十九大报告中提出推动大数据与实体经济深度融合，为大数据产业的未来发展指明方向。12月，中央政治局就实施国家大数据战略进行了集体学习。2019年3月，政府工作报告第六次提到"大数据"，并且有多项任务与大数据密切相关。

自2015年国务院发布《促进大数据发展行动纲要》系统性部署大数据发展工作以来，各地陆续出台促进大数据产业发展的规划、行动计划和指导意见等文件。截至目前，除港澳台外全国31个省级单位均已发布了推进大数据产业发展的相关文件。可以说，中国各地推进大数据产业发展的设计已经基本完成，陆续进入落实阶段。梳理31个省级行政区划单位的典型大数据产业政策可以看出，大部分省（区、市）的大数据政策集中发布于2016年至2017年。而在近两年发布的政策中，更多的地方将新一代信息技术整体作为考量，并加入了人工智能、数字经济等内容，进一步地拓展了大数据的外延。同时，各地在颁布大数据政策时，除注重大数据产业的推进外，也在更多地关注产业数字化和政务服务等方面，这也体现出了大数据与行业应用结合及政务数据共享开放近年来取得的进展。

（二）各地大数据主管机构陆续成立

近年来，部分省市陆续成立了大数据局等相关机构，对包括大数据产业在内的大数据发展进行统一管理。以省级大数据主管机构为例，从2014年广东省设立第一个省级大数据局开始，截至2019年5月，共有14个省级地方成立了专门的大数据主管机构。

除此之外，上海、天津、江西等省市分别组建了上海市大数据中心、天津市大数据管理中心、江西省信息中心（江西省大数据中心），承担了一部分大数据主管机构的职能。部分省级以下的地方政府也相应组建了专门的大数据管理机构。根据黄璜等人的统计，截至2018年10月已有79个副省级和地级城市组建了专门的大数据管理机构。

（三）大数据技术产品水平持续提升

从产品角度来看，目前大数据技术产品主要包括大数据基础类技术产品（承担数据存储和基本处理功能，包括分布式批处理平台、分布式流处理平台、分布式数据库、数据集成工具等）、分析类技术产品（承担对数据的分析挖掘功能，包括数据挖掘工具、bi工具、可视化工具等）、管理类技术产品（承担数据在集成、加工、流转过程中的管理功能，包括数据管理平台、数据流通平台等）等。中国在这些方面都取得了一定的进展。

中国大数据基础类技术产品市场成熟度相对较高。一是供应商越来越多，从最早只有几家大型互联网公司发展到目前的近60家公司可以提供相应产品，覆盖了互联网、金融、电信、电力、铁路、石化、军工等不同行业；二是产品功能日益完善，根据中国信通院的测试，分布式批处理平台、分布式流处理平台类的参评产品功能项通过率均在95%以上；三是大规模部署能力有很大突破，如阿里云MaxCompute通过了10000节点批处理平台基础能力测试、华为GuassDB通过了512台物理节点的分析型数据库基础能力测试；四是自主研发意识不断增强，目前有很多基础类产品源自对开源产品进行的二次开发，特别是分布式批处理平台、流处理平台等产品九成以上基于已有开源产品开发。

中国大数据分析类技术产品发展迅速，个性化与实用性趋势明显。一是满足跨行业需求的通用数据分析工具类产品逐渐应运而生，如百度的机器学习平台 Jarvis、阿里云的机器学习平台 PAI 等；二是随着深度学习技术的相应发展，数据挖掘平台从以往只支持传统机器学习算法转变为额外支持深度学习算法以及 GPU 计算加速能力；三是数据分析类产品易用性进一步提升，大部分产品都拥有直观的可视化界面及简洁便利的交互操作方式。

中国大数据管理类技术产品还处于市场形成的初期。目前，国内常见的大数据管理类软件有 20 多款。数据管理类产品虽然涉及的内容庞杂，但技术实现难度相对较低，一些开源软件如 Kettle、Sqoop 和 Nifi 等，为数据集成工具提供了开发基础。中国信通院测试结果显示，参照囊括功能全集的大数据管理软件评测标准，所有参评产品符合程度均在 90% 以下。随着数据资产的重要性日益突出，数据管理类软件的地位也将越来越重要，未来将机器学习、区块链等新技术与数据管理需求结合，还有很大的发展空间。

（四）大数据行业应用不断深化

前几年，大数据的应用还主要在互联网、营销、广告领域。这几年，无论是从新增企业数量、融资规模还是应用热度来说，与大数据结合紧密的行业逐步向工业、政务、电信、交通、金融、医疗、教育等领域广泛渗透，应用逐渐向生产、物流、供应链等核心业务延伸，涌现一批大数据典型应用，企业应用大数据的能力逐渐增强。电力、铁路、石化等实体经济领域龙头企业不断完善自身大数据平台建设，持续加强数据治理，构建起以数据为核心驱动力的创新能力，行业应用"脱虚向实"趋势明显，大数据与实体经济深度融合不断加深。

电信行业方面。电信运营商拥有丰富的数据资源。数据来源涉及移动通话和固定电话、无线上网、有线宽带接入等所有业务，也涵盖线上线下渠道在内的渠道经营相关信息，所服务的客户涉及个人客户、家庭客户和政企客户。三大运营商自 2019 年以来在大数据应用方面都走向更加专业化的阶段。电信行业在发展大数据上有明显的优势，主要体现在数据规模大、数据应用价值持续凸显、数据安全性普遍较高。2019 年，三大运营商都已经完成了全集团大数据平台的建设，设立了专业的大数据运营部门或公司，开始了数据价值释放的新举措。通过对外提供领先的网络服务能力、深厚的数据平台架构和数据融合应用能力、高效可靠的云计算基础设施和云服务能力，打造数字生态体系，加速非电信业务的变现能力。

金融行业方面。随着金融监管日趋严格，通过金融大数据规范行业秩序并降低金融风险逐渐成为金融大数据的主流应用场景。同时，各大金融机构由于信息化建设基础好、数据治理起步早，使得金融业成为数据治理发展较为成熟的行业。

互联网营销方面。随着社交网络用户数量不断扩张，利用社交大数据来做产品口碑分析、用户意见收集分析、品牌营销、市场推广等"数字营销"应用，将是未来大数据应用的重点。电商数据直接反映用户的消费习惯，具有很高的应用价值。伴随着移动互联网流量见顶，以及广告主营销预算的下降，如何利用大数据技术帮助企业更高效地触达目标用户成为行业最热衷的话题。"线下大数据""新零售"的概念日渐火热，但其在个人信息保护方面容易出现漏洞，也使得合规性成为这一行业发展的核心问题。

工业方面。工业大数据是指在工业领域里，在生产链过程中包括研发、设计、生产、销售、运输、售后等各个环节产生的数据总和。随着工业大数据成熟度的提升，工业大数据的价值挖掘也逐渐深入。目前，各个工业企业已经开始面向数据全生命周期的数据资产管理，逐步提升工业大数据成熟度，深入工业大数据价值挖掘。

能源行业方面。2019年5月，国家电网大数据中心正式成立，该中心旨在打通数据壁垒、激活数据价值、发展数字经济，实现数据资产的统一运营，推进数据资源的高效使用。这是传统能源行业拥抱大数据应用的一次机制创新。

医疗健康方面。医疗大数据成为2019年大数据应用的热点方向。2018年7月颁布的《国家健康医疗大数据标准、安全和服务管理办法（试行）》为健康行业大数据服务指明了方向。电子病历、个性化诊疗、医疗知识图谱、临床决策支持系统、药品器械研发等成为行业热点。

除以上行业之外，教育、文化、旅游等各行各业的大数据应用也都在快速发展。中国大数据的行业应用更加广泛，正加速渗透到经济社会的方方面面。

四、数据资产化步伐稳步推进

在党的十九届四中全会上，中央首次公开提出"健全劳动、资本、土地、知识、技术、管理和数据等生产要素按贡献参与分配的机制"。这是中央首次在公开场合提出数据可作为生产要素按贡献参与分配，反映了随着经济活动数字化转型加快，数据对提高生产效率的乘数作用凸显，成为最具时代特征的新生产要素的重要变化。

（一）数据：从资源到资产

"数据资产"这一概念是由信息资源和数据资源的概念逐渐演变而来的。信息资源是在20世纪70年代计算机科学快速发展的背景下产生的，信息被视为与人力资源、物质资源、财务资源和自然资源同等重要的资源，高效、经济地管理组织中的信息资源是非常必要的。数据资源的概念是在20世纪90年代伴随着政府和企业的数字化转型而产生的，是有含义的数据集结到一定规模后形成的资源。数据资产在21世纪初大数据技术的兴起背景下产生，并随着数据管理、数据应用和数字经济的发展而普及。

中国信通院在2017年将"数据资产"定义为"由企业拥有或者控制的，能够为企业带来未来经济利益的，以一定方式记录的数据资源"。这一概念强调了数据具备的"预期给会计主体带来经济利益"的资产特征。

（二）数据资产管理理论体系仍在发展

数据管理的概念是伴随着20世纪80年代数据随机存储技术和数据库技术的使用而产生的，主要指在计算机系统中的数据可以被方便地存储和访问。经过40年的发展，数据管理的理论体系主要形成了国际数据管理协会（DAMA）、IBM 和数据管控机构（DGI）所提出的三个流派。

然而，以上三种理论体系都是大数据时代之前的产物，其视角还是将数据作为信息来管理，更多的是为了达到监管要求和企业考核的目的，并没有从数据价值释放的维度来考虑。

在数据资产化背景下，数据资产管理是在数据管理基础上的进一步发展，可以视作数据管理的"升级版"。主要区别表现为以下三方面：一是管理视角不同。数据管理主要关注的是如何解决问题数据带来的损失，而数据资产管理则关注如何利用数据资产为企业带来价值，需要基于数据资产的成本、收益来开展数据价值管理。二是管理职能不同。传统数据管理的管理职能包含数据标准管理、数据质量管理、元数据管理、主数据管理、数据模型管理、数据安全管理等，而数据资产管理针对不同的应用场景和大数据平台建设情况，增加了数据价值管理和数据共享管理等职能。三是组织架构不同。在"数据资源管理转向数据资产管理"的理念影响下，组织架构和管理制度也有所变化，需要有更专业的管理队伍和更细致的管理制度来确保数据资产管理的流程性、安全性和有效性。

（三）各行业积极实践数据资产管理

各行业实践数据资产管理普遍经历 3 ~ 4 个阶段。最初，行业数据资产管理主要是为了解决报表和经营分析的准确性，并通过建立数据仓库实现。随后，行业数据资产管理的目的是治理数据，管理对象由分析域延伸到生产域，并在数据库中开展数据标准管理和数据质量管理。随着大数据技术的发展，企业数据逐步汇总到大数据平台，形成了数据采集、计算、加工、分析等配套工具，建立了元数据管理、数据共享、数据安全保护等机制，并开展了数据创新应用。而目前，许多行业的数据资产管理已经进入数据资产运营阶段，数据成为企业核心的生产要素，不仅满足企业内部各项业务创新，还逐渐成为服务企业外部的数据产品。企业也积极开展如数据管理能力成熟度模型（DCMM）等数据管理能力评估工作，不断提升数据资产管理能力。

金融、电信等行业普遍在 2000 年至 2010 年间就开始了数据仓库建设（简称数仓建设），并将数据治理范围逐步扩展到生产领域，建立了比较完善的数据治理体系。2010 年后通过引入大数据平台，企业实现了数据的汇聚，并逐渐向数据湖发展，内部的数据应用较为完善，不少企业逐渐在探索数据对外运营和服务。

（四）数据资产管理工具百花齐放

数据资产管理工具是数据资产管理工作落地的重要手段。由于大数据技术栈中开源软件的缺失，数据资产管理的技术发展没有可参考的模板，工具开发者多从数据资产管理实践与项目中设计工具架构，各企业数据资产管理需求的差异化使数据资产管理工具形态各异。因此，数据资产管理工具市场呈现百花齐放的状态。数据资产管理工具可以是多个工具的集成，并以模块化的形式集中于数据管理平台。

元数据管理工具、数据标准管理工具、数据质量管理工具是数据资产管理工具的核心，数据价值工具是数据资产化的有力保障。中国信通院对数据管理平台的测试结果显示，数据管理平台对于元数据管理工具、数据标准管理工具和数据质量管理工具的覆盖率达到100%，这些工具通过追踪记录数据、标准化数据、稽核数据的关键活动，有效地管理了数据，提升了数据的可用性。与此同时，主数据管理工具和数据模型管理工具的覆盖率均低于20%，其中主数据管理多以解决方案的方式提供服务，而数据模型管理多在元数据管理中实现，或以独立工具在设计数据库或数据仓库阶段完成。超过80%的数据价值工具以直接提供数据源的方式进行数据服务，其他的数据服务方式包括数据源组合、数据可视化和数据算法模型等。超过95%的数据价值工具动态展示数据的分布应用和存储计算情况，但仅有不到10%的工具量化数据价值，并提供数据增值方案。

未来，数据资产管理工具将向智能化和敏捷化发展，并以自助服务分析的方式深化数据价值。Gartner在2019年关于分析与商务智能软件市场的调研报告中显示，该市场在2018年增长了11.7%，而基于自助服务分析的现代商务智能和数据科学平台分别增长了23.3%和19%。随着数据量的增加和数据应用场景的丰富，数据间的关系变得更加复杂，问题数据也隐藏于数据湖中难以被发觉。智能化地探索梳理结构化数据间、非结构化数据间的关系将节省巨大的人力，快速发现并处理问题数据也将极大地提升数据的可用性。在数据交易市场尚未成熟的情况下，通过扩展数据使用者的范围，提升数据使用者挖掘数据价值的能力，将最大限度地开发和释放数据价值。

（五）数据资产化面临诸多挑战

目前，困扰数据资产化的关键问题主要包括数据确权困难、数据估值困难和数据交易市场尚未成熟。

（1）数据确权困难。明确数据权属是数据资产化的前提，但目前在数据权利主体及权利分配上存在诸多争议。数据权不同于传统物权。物权的重要特征之一是对物的直接支配，但数据权在数据的全生命周期中有不同的支配主体，有的数据产生之初由其提供者支配，有的数据产生之初便被数据收集人支配（如微信聊天内容、电商消费数据、物流数据等）；在数据处理阶段被各类数据主体所支配。原始数据只是大数据产业的基础，其价值属性远低于以集合数据为代表的增值数据所产生的价值。

因此，法律专家倾向于将数据的权属分开，即不探讨整体数据权，而是从管理权、使用权、所有权等维度进行探讨。而由于数据在法律上目前尚没有被赋予资产的属性，所以数据所有权、使用权、管理权、交易权等权益没有被相关的法律充分认同和明确界定。数据也尚未像商标、专利一样，有明确的权利申请途径、权利保护方式等，对于数据的法定权利，尚没有完整的法律保护体系。

（2）数据估值困难。影响数据资产价值的因素主要有质量、应用和风险三个维度。质量是决定数据资产价值的基础，合理评估数据的质量水平，才能对数据的应用价值进行准确预测；应用是数据资产形成价值的方式，数据与应用场景结合才能贡献经济价值；风险则是指法律和道德等方面存在的限制。

目前，常用的数据资产估值方法主要有成本法、收益法和市场法三类。成本法从资产的重置角度出发，重点考虑资产价值与重新获取或建立该资产所需成本之间的相关程度；收益法基于目标资产的预期应用场景，通过未来产生的经济效益的折现来反映数据资产在投入使用后的收益能力，而根据衡量无形资产经济效益的不同方法又可具体分为权利金节省法、多期超额收益法和增量收益法；市场法则是在相同或相似资产的市场可比案例的交易价格的基础上，对差异因素进行调整，以此反映数据资产的市场价值。

评估数据资产的价值需要考虑多方面因素，数据的质量水平、不同的应用场景和特定的法律道德限制均对数据资产价值有所影响。虽然目前已有从不同角度出发的数据资产估值方法，但在实际应用中均存在不同的问题，有其适用性的限制。构建成熟的数据资产评价体系，还需要以现有方法为基础框架，进一步探索在特定领域和具体案例中的适配方法。

（3）数据交易市场尚未成熟。自2014年以来，国内出现了一批数据交易平台，各地方政府也成立了数据交易机构，包括贵阳大数据交易所、长江大数据交易中心、上海数据交易中心等。同时，互联网领军企业也在积极探索新的数据流通机制，提供了行业洞察、营销支持、舆情分析、引擎推荐、API数据市场等数据服务，并针对不同的行业提出了相应的解决方案。

但是，由于数据权属和数据估值的限制，以及数据交易政策和监管的缺失等因素，目前国内的数据交易市场尽管在数据服务方式上有所丰富，但其发展却依然面临诸多困难，阻碍了数据资产化的进程，主要体现在如下两点：一是市场缺乏信任机制，技术服务方、数据提供商、数据交易中介等可能会私下缓存并对外共享、交易数据，数据使用企业不按协议要求私自留存、复制甚至转卖数据的现象普遍存在。中国各大数据交易平台并未形成统一的交易流程，甚至有些交易平台没有完整的数据交易规范，使得数据交易存在很大风险。二是缺乏良性互动的数据交易生态体系。数据交易中所涉及的采集、传输、汇聚活动日益频繁，相应地，个人隐私、商业机密等一系列安全问题也日益突出，亟须建立包括监管机构和社会组织等多方参与的、法律法规和技术标准多要素协同的覆盖数据生产流通全过程和数据全生命周期管理的数据交易生态体系。

五、数据安全合规要求不断提升

2019年以来，大数据安全合规方面不断有事件曝光。2019年9月6日，位于杭州的大数据风控平台杭州魔蝎数据科技有限公司被警方控制，高管被带走，相关服务暂时瘫痪。同日，另一家提供大数据风控服务的新颜科技人工智能科技有限公司高管被警方带走协助调查。以两平台被查为开端，短短一周内，多家征信企业分别有人被警方带走调查，市场纷纷猜测是否与爬虫业务有关。一时间，大数据安全合规的问题，特别是个人信息保护的问题，再次成为行业关注热点。

（一）数据相关法律监管日趋严格规范

与全球不断收紧的数据合规政策类似，中国在数据法律监管方面也日趋严格规范。

当前中国大数据方面的立法呈现以个人信息保护为核心，包含基本法律、司法解释、部门规章、行政法规等综合框架。一些综合性法律也涉及了个人信息保护条款。

2019年以来，数据安全方面的立法进程明显加快。中央网信办针对四项关于数据安全的管理办法相继发布征求意见稿，其中，《儿童个人信息网络保护规定》已正式公布，并于2019年10月1日开始施行。一系列行政法规的制定，唤起了民众对数据安全的强烈关注。

但不可否认的是，从法律法规体系方面来看，中国的数据安全法律法规仍不够完善，呈现出缺乏综合性统一法律、缺乏法律细节解释、保护与发展协调不够等问题。2018年，十三届全国人大常委会立法规划中的"条件比较成熟、任期内拟提请审议的法律草案"包括《个人信息保护法》《数据安全法》两部。个人信息和数据保护的综合立法时代即将来临。

（二）数据安全技术助力大数据合规要求落地

数据安全的概念来源于传统信息安全的概念。在传统信息安全中数据是内涵，信息系统是载体，数据安全是整个信息安全的关注重点，信息安全的主要内容是通过安全技术保障数据的秘密性、完整性和可用性。从数据生命周期的角度区分，数据安全技术包括作用于数据采集阶段的敏感数据鉴别发现、数据分类分级标签、数据质量监控；作用于数据存储阶段的数据加密、数据备份容灾；作用于数据处理阶段的数据脱敏、安全多方计算、联邦学习；作用于数据删除阶段的数据全副本销毁；作用于整个数据生命周期的用户角色权限管理、数据传输校验与加密、数据活动监控审计等。

当前中国数据安全法律法规重点关注个人信息的保护，大数据行业整体合规也必然将以此为核心。而在目前的数据安全技术中有为数不少的技术手段瞄准了敏感数据在处理使用中的防护，如数据脱敏、安全多方计算、联邦学习等。

《数据安全管理办法（征求意见稿）》明确要求，对于个人信息的提供和保存要经过匿名化处理，而数据脱敏技术是实现数据匿名化处理的有效途径。应用静态脱敏技术可以保证数据对外发布不涉及敏感信息，同时在开发、测试环境中保证敏感数据集本身特性不变的情况下能够正常进行挖掘分析；应用动态脱敏技术可以保证在数据服务接口能够实时返回数据请求的同时杜绝敏感数据泄露风险。

安全多方计算和联邦学习等技术能够确保在协同计算中任何一方实际数据不被其他方获得的情况下完成计算任务并获得正确计算结果。应用这些技术能够在有效保护敏感数据及个人隐私数据不存在泄露风险的同时完成原本需要执行的数据分析、数据挖掘、机器学习等任务。

上述技术是当前最为主流的数据安全保护技术，也是最有利于大数据安全合规落地的数据安全保护技术。各项技术分别具有各自的技术实现方式、应用场景、技术优势和当前存在的问题。

上述技术均存在多种实现方式，不同实现方式可能达到对于隐私数据的不同程度保护，不同的应用场景对于隐私数据的保护程度和可用性也有不同的需求。作为助力实现大数据安全合规落地的主要技术，在实际应用中使用者应根据具体的应用场景选择合适的隐私保护技术以及合适的实现方式，而繁多的实现方式和产品化的功能点区别导致技术使用者具体选择时会遇到很大的困难。通过标准对相应隐私保护技术进行规范化，可以有效地应对这种情况。

未来伴随着大数据产业的不断发展，个人信息和数据安全相关法律法规将不断出台，在企业合规方面，应用标准化的数据安全技术是十分有效的合规落地手段。随着公众数据安全意识的提升和技术本身的不断进步完善，数据安全技术将逐渐呈现规范化、标准化的趋势，参照相关法律法规要求进行相关产品技术标准制定，应用符合相应技术标准的数据安全技术产品，保证对敏感数据和个人隐私数据的使用合法合规，将成为未来大数据产业合规落地的一大趋势。

（三）数据安全标准规范体系不断完善

相对于法律法规和针对数据安全技术的标准，在大数据安全保护中，标准和规范也发挥着不可替代的作用。《信息安全技术个人信息安全规范》是个人信息保护领域重要的推荐性标准。标准结合国际通用的个人信息和隐私保护理念，提出了"权责一致、目的明确、选择同意、最少够用、公开透明、确保安全、主体参与"七大原则，为企业完善内部个人信息保护制度及实践操作规则提供了更为细致的指引。2019 年 6 月 25 日，该标准修订后的征求意见稿正式发布。

一系列聚焦数据安全的国家标准近年来陆续发布，包括《大数据服务安全能力要求》（GB/T 35274—2017）、《大数据安全管理指南》（GB/T 37973—2019）、《数据安全能力成熟度模型》（GB/T 37988—2019）、《数据交易服务安全要求》（GB/T 37932—2019）等，这些标准对于中国数据安全领域起到了重要的指导作用。

中国通信标准化协会大数据技术标准推进委员会（CCSA TC601）推出的《可信数据服务》系列规范将个人信息保护推广到企业数据综合合规。标准针对数据供方和数据流通平台的不同角色身份，从管理流程和管理内容等方面对企业数据合规提出了推荐性建议。规范列举了数据流通平台提供数据流通服务时，在平台管理、流通参与主体管理、流通品管理、流通过程管理等方面的管理要求和建议，以及数据供方提供数据产品时，在数据产品管理、数据产品供应管理等方面需满足和体现服务能力与服务质量的要求。系列规范已于 2019 年 6 月发布。

六、大数据发展展望

党的十九届四中全会提出将数据与资本、土地、知识、技术和管理并列作为可参与分配的生产要素，这体现出数据在国民经济运行中变得越来越重要，数据对经济发展、社会生活和国家治理正在产生着根本性、全局性、革命性的影响。

技术方面，我们仍然处在"数据大爆发"的初期，5G、工业互联网的深入发展，将带来更大的"数据洪流"，这就给大数据的存储、分析、管理带来更大的挑战，牵引大数据技术再上新的台阶。硬件与软件的融合、数据与智能的融合将带动大数据技术向异构多模、超大容量、超低时延等方向拓展。

应用方面，大数据行业应用正在从消费端向生产端延伸，从感知型应用向预测型、决策型应用发展。当前，互联网行业已经从"IT 时代"全面进入"DT 时代"（Data Technology）。未来几年，各地政务大数据平台和大型企业数据平台的建成，将促进政务、民生与实体经济领域的大数据应用再上新的台阶。

治理方面，随着国家数据安全法律制度的不断完善，各行业的数据治理也将深入推进。数据的采集、使用、共享等环节的乱象得到遏制，数据的安全管理成为各行各业自觉遵守的底线，数据流通与应用的合规性将大幅提升，健康、可持续的大数据发展环境逐步形成。

然而，中国大数据发展也同样面临着诸多问题。例如，大数据原创性的技术和产品尚不足；数据开放共享水平依然较低，跨部门、跨行业的数据流通仍不顺畅，有价值的公共信息资源和商业数据没有充分流动起来；数据安全管理仍然薄弱，个人信息保护面临新威胁与新风险。这就需要大数据从业者在大数据理论研究、技术研发、行业应用、安全保护等方面付出更多的努力。

新的时代，新的机遇。我们也看到，大数据与 5G、人工智能、区块链等新一代信息技术的融合发展日益紧密。特别是区块链技术，一方面区块链可以在一定程度上解决数据确权难、数据孤岛严重、数据垄断等"先天病"；另一方面隐私计算技术等大数据技术也反过来促进了区块链技术的完善。在新一代信息技术的共同作用下，中国的数字经济正向着更加互信、共享、均衡的方向发展，数据的"生产关系"正在进一步重塑。

第二节　大数据的定义与本质

随着大数据时代的来临，大数据（Big Data）这个词近年来成了关注度极高和使用极频繁的一个热词。然而，与这种热度不太对称的是，大众只是跟随使用，对大数据究竟是什么并没有真正了解。学术界对大数据的含义也莫衷一是，很难有一个规范的定义。虽然说大数据时代刚刚来临，对大数据的定义有着不同的理解完全是正常的，但对哲学工作者来说，我们还是有必要对其做一个比较系统的比较和梳理，以便大众更好地把握大数据的内涵和本质。

一、大数据的语义分析

早在 1980 年，著名未来学家阿尔文·托夫勒在其《第三次浪潮》一书中就描绘过未来信息社会的前景并强调了数据在信息社会中的作用。随着信息技术特别是智能信息采集技术、互联网技术的迅速发展，各类数据都呈现急剧爆发之势，计算机界因此提出了"海量数据"的概念，并突出了数据挖掘的概念和技术，以至从海量的数据中挖掘出需要的数据成了一种专门的技术和学科，为大数据的提出和发展做好了技术的准备。2008 年 9 月，《自然》杂志推出了"大数据"特刊，并在封面特别突出了"大数据专题"。2009 年开始，在互联网领域，"大数据"已经成了一个热门的词语。不过，这个时候的"大数据"概念与现在的"大数据"概念，虽然名字相同，但内涵和本质有着巨大的差别，而且主要局限于计算机行业。

2011 年 6 月，美国著名的麦肯锡咨询公司发表了一份名为《大数据：下一个创新、竞争和生产力的前沿》的研究报告。在这份报告中，麦肯锡咨询公司不但重新提出了大数据的概念，而且全面阐述了大数据在未来经济、社会发展中的重要意义，并宣告大数据时代来临。由此，大数据一词很快越出学术界而成为社会大众的热门词语，麦肯锡咨询公司也成为大数据革命的先驱者。2012 年的美国大选中，奥巴马团队成功运用大数据技术战胜对手，并且还将发展大数据上升为国家战略，以政府之名发布了《大数据研究与发展计划》，让专业的大数据概念变为家喻户晓的词语。美国的 Google、Facebook、Amazon 以及中国的百度、腾讯和阿里巴巴，这些数据时代的造富神话更让大众知晓了大数据所蕴藏的巨大商机和财富，大数据成为世界各国政府和公司追逐的对象。2012 年 2 月 11 日，《纽约时报》发表了头版文章，宣布大数据时代已经来临。2012 年 6 月，联合国专门发布了大数据发展战略，这是联合国第一次就某一技术问题发布报告。英国学者维克托·舍恩伯格的《大数据时代》一书则对大数据技术及其对工作、生活和思维方式进行了全面的普及，因此大数据及其思维模式在全世界得到了迅速的传播。从国内来说，涂子沛的《大数据：正在到来的数据革命》让国人及时了解到国际兴起的大数据热，让我们与国际同行保持了同步。

大数据究竟是什么意思呢？从字面来说，所谓大数据就是指规模特别巨大的数据集合，因此从本质上来说，它仍然是属于数据库或数据集合，不过是规模变得特别巨大而已，因此麦肯锡咨询公司在上述的咨询报告中将大数据定义为："大小超出常规的数据库工具获取、存储、管理和分析能力的数据集。"

维基百科对大数据这样定义：Big Data is an all-encompassing term for any collection of data sets so large or complex that it becomes difficult to process using traditional data processing applications。中文维基百科则说："大数据，或称巨量资料，指的是所涉及的数据量规模巨大到无法通过人工在合理时间内截取、管理、处理，并整理成人类所能解读的信息。"

世界著名的美国权威研究机构 Gartner 对大数据给出了这样的定义："大数据是需要新处理模式才能具有更强的决策力、洞察发现力和流程优化能力的海量、高增长率和多样化的信息资源。"百度百科则基本引用 Gartner 对大数据的定义，认为大数据，或称巨量资料，指的是需要新处理模式才能具有更强的决策力、洞察发现力和流程优化能力的海量、高增长率和多样化的信息资产。

英国大数据权威维克托则在其《大数据时代》一书中这样定义："大数据并非一个确切的概念。最初，这个概念是指需要处理的信息量过大，已经超出了一般电脑在数据处理时所能使用的内存量，因此工程师们必须改进处理数据的工具。""大数据是人们获得新认知、创造新的价值的源泉；大数据还是改变市场、组织机构，以及政府与公民关系的方法。"

John Wiley 图书公司出版的《大数据傻瓜书》对大数据的概念是这样解释的："大数据并不是一项单独的技术，而是新、旧技术的一种组合，它能够帮助公司获取更可行的洞察力。因此，大数据是管理巨大规模独立数据的能力，以便以合适速度、在合适的时间范围内完成实时分析和响应。"

大数据技术引入国内之后，我国学者对大数据的理解也一样五花八门，不过跟国外学者的理解比较类似。最早介入并对大数据进行比较深入研究的三位院士的观点应该具有一定的代表性和权威性。

邬贺铨院士认为："大数据泛指巨量的数据集，因可从中挖掘出有价值的信息而受到重视。"李德毅院士则说："大数据本身既不是科学，也不是技术，我个人认为，它反映的是网络时代的一种客观存在，各行各业的大数据，规模从 TB 到 PB 到 EB 到 ZB，都是以三个数量级的阶梯迅速增长，是用传统工具难以认知的，具有更大挑战的数据。"而李国杰院士则引用维基百科的定义"大数据是指无法在一定时间内用常规软件工具对其内容进行抓取、管理和处理的数据集合"，认为"大数据具有数据量大、种类多和速度快等特点，涉及互联网、经济、生物、医学、天文、气象、物理等众多领域"。

我国最早介入大数据普及的学者涂子沛在其《大数据：正在到来的数据革命》中，将大数据定义为："大数据是指那些大小已经超出了传统意义上的尺度，一般的软件工具难以捕捉、存储、管理和分析的数据。"由于涂子沛的著作发行量比较大，因此他对大数据的这个界定也具有一定的影响力。

从国内外学者对大数据的界定来看，虽然目前没有统一的定义，但基本上都从数据规模、处理工具、利用价值三个方面来进行界定：①大数据属于数据的集合，其规模特别巨大；②用一般数据工具难以处理，因而必须引入数据挖掘新工具；③大数据具有重大的经济、社会价值。

二、大数据的哲学本质

大数据究竟是什么这个问题，仅仅从语义和特征来回答，似乎并没有完全揭示出大数据的本质。大数据时代的来临，最重要的是给我们带来了数据观的变革，只有从哲学世界观的视角分析大数据的世界观或数据观，才能真正回答大数据究竟是什么。简单说来，大数据作为一场数据革命，除了带来海量数据，并且这些数据具有 4V 特征之外，更重要的是大数据带来的数据世界观。在大数据看来，万物皆数据，万物皆可被数据化，大数据刻画了世界的真实环境，并且带来了信息的完全透明化，我们的世界变成了一个透明的世界。

（一）在大数据看来，万物皆由数据构成，世界的本质是数据

世界究竟是什么？这是哲学家长期关注的重大问题。从古希腊哲学家泰勒斯开始，哲学家们就开始探索世界的本原，并从 beginning（起源）和 element（要素）两个维度进行了回答。早期自然哲学家曾经把水、火、土、气、原子分别作为本原，而后期的人文哲学家则基本上将人类精神作为本原。马克思主义哲学正是从 beginning 的维度将历史上的所有哲学分为唯物主义和唯心主义，在这一维度，物质和精神是对立的，只能二者选一。从 element 的维度看，物质和精神都是构成世界的要素，而且以往的哲学家和科学家基本都认为也只有这两者才是构成世界的终极要素。但刚刚兴起的大数据则认为，除了以往认为的物质和精神之外，数据是构成世界的终极要素之一，即构成世界的三大终极要素是物质、精神和数据。英国大数据权威维克托·舍恩伯格甚至认为，世界万物皆由数据构成，数据是世界的本质。

万物皆数据，数据是世界的本质，世界上的一切，无论是物质还是意识，最终都可以表述为数据，这样数据就成了物质、意识的表征，甚至将物质和意识关联统一起来。古希腊哲学家毕达哥拉斯从音乐与数字、几何图形与数字的关系中发现了数据的重要性，提出了"数是万物本原"的思想，强调了数据对世界构成的意义以及对世界认知的影响。无独有偶，老子在数千年前就认识到数据的世界终极本质，在《周易》中就提出了"道生一，一生二，二生三，三生万物"的思想，把世界的生成与数据联系起来。特别是在《易传》中的阴阳八卦图中，从阴阳两极相反相成，从阴阳两仪，到八卦、六十四卦象等，由此不断演化，最后生成整个世界。两千多年前的毕达哥拉斯和《周易》都不约而同地揭示了数据与万物的关系，以及世界的数据本质，充分强调了数据在世界构成中的重要地位。但是，在随后的两千多年的历史长河中，数据在人类生活和科学认知中虽然越来越重要，而且也有莱布尼茨、康德、马克思等哲学家关注过数据的重要性，不过总体来说，哲学家对数据基本上是忽视的。随着大数据时代的来临，数据才获得了应有的地位，哲学家才又想起毕达哥拉斯和《周易》的数据世界观。可以说，大数据时代的来临是毕达哥拉斯和《周易》所提出的数据世界观的当代回响。

（二）在大数据看来，世界万物皆可被数据化，大数据可实现量化一切的目标

数据是对世界的精确测度和量化，是认知世界的科学工具。自从发明了数字和测量工具，人类就不断地试图对世界上的一切进行数据测量、精确记录。古埃及时期，由于尼罗

河泛滥，人们每年需要重新丈量土地，于是发现了数据的秘密，并发明了测量技术。于是，数据成了测量、记录财富的工具，人们日常生活中接触的大量物品、财产都可以用数据来表征，这个时期的数据可被称为"财富数据"。文艺复兴之后，人们逐渐发明了望远镜、显微镜、钟表等科学测量器具。随着测量技术的进步，测量与数据被广泛应用于科学研究之中。例如，天文学家第谷对天文现象进行了大量的观察记录，并积累了大量的天文数据。随后，力学、化学、电磁学、光学、地学、生物学等，各门学科都通过测量走上了数据化、精确化的道路。各门科学积累了大量的科学数据，并借助于数据，各种自然现象都实现了可测量、可计算的精确化、数据化的目标，自然科学各学科也完成了其科学化的历程。这个时期可被称为"科学数据"时期。

由于人类意识的复杂性，人类及其社会的测量和数据化成为量化一切的拦路虎。社会科学虽然引进了自然科学方法，但其数据的客观性往往招致质疑，而人文学科更是停留在思辨的道路上。在传统方法遇到困难的地方，大数据却可以大显身手。大数据用海量数据来测量、描述复杂的人类思想及其行为，让人类及其社会也彻底被数据化，这些数据可被称为"人文数据"。所以，大数据时代将数据化的脚步向前迈进了一大步，在财富数据化、科学数据化的基础上，实现了人文社会行为的数据化。因此，从大数据来看，数据是物质的根本属性，世界万物皆可被数据化，其一切状态和行为都可以用数据来表征，量化一切是大数据的终极目标。

（三）大数据全面刻画了世界的真实状态，科学研究不必再做理想化处理

真实、全面地认知世界是人类的一种理想，同时也是摆在人类面前的一道难题。真实的世界，无论是自然界还是人类社会，都极为复杂，需要极其繁多的参数才能准确、全面地对其进行描述。但是，由于过去没有先进的数据采集、存储和处理技术，于是不得不对复杂的研究对象进行"孤立、静止、还原"的简单化处理。孤立就是把对象与环境的所有联系都切断，让其成为一个孤立的研究对象，免得受外界的侵扰。静止就是将本来运动变化的对象做一时间截面，然后就以这一时点的状态代表所有时点的状态。还原就是指将复杂的现象逐渐返回到几个简单的要素或原点，然后从要素的性质和状态推演出系统的性质和状态。复杂对象经过简单化处理之后，虽然我们能够认识和把握对象的某些性质与状态，但毕竟经过了简单、粗暴的理想化处理，它已经不能真正反映真实对象和真实世界。

大数据技术使用了无处不在的智能终端自动采集海量的数据，并用智能系统处理、存储海量数据，不再需要对研究对象做孤立、静止和还原的简单化处理，而是将对象完全置于真实环境之中，有关对象的大数据全面反映了复杂系统各个要素、环节、时态的真实、全面状态。这样，在大数据时代，我们可以在真实、自然的状态下研究复杂的对象。大数据记录了真实环境下研究对象的真实状态，因此我们可以利用大数据去真实、完整、全面地刻画复杂的研究对象。这就是说，大数据是真实世界的全面记录，一切状态尽在数据之中，大数据真正客观地反映了对象的真实状态。

（四）万物的数据化带来了世界的透明化，未来的世界是一个透明世界

宇宙万物，复杂多变，人们面对复杂多变的世界往往感到漆黑一片，难怪哲学家康德会认为，现象世界背后存在着一个物自体，而这个物自体就像一个黑箱，永远无法被人类认知，那是上帝留下的自留地，科学无法涉足其中。这就是说，真实的世界就像一个大黑箱，我们永远无法打开。我们人类就像那个剥洋葱的小男孩，剥到最后也不知道里边究竟是什么。

但是，大数据技术彻底改变了人类对世界的认知。由于无处不在的智能芯片，整个世界变成了一个智能的世界、数据的世界，或者叫智慧世界。通过赋予世界以智慧，就像一切事物都被安装了充满智慧的大脑。无所不知的智能系统可以感知出世界的一切，而且将一切状态都以数据的形式记录、储存下来。通过数据挖掘，我们就可以知道世界的一切秘密。康德所设置的科学禁区被大数据所打破，透过大数据，世界变成了一个完全透明的世界，一切都可以被人类所感知、把握和预知。大数据让我们的世界从一个附魅的世界变成了祛魅的世界，数据的阳光把原本黑暗、神秘的世界深处照得通彻透亮。在大数据面前，无论是自然物质世界还是人类精神世界，都从黑天鹅变成了白天鹅甚至是透明的天鹅，大数据成了无所不能的上帝。套用赞美牛顿的一首英格兰儿歌来说，宇宙万物及其秘密都隐藏在黑暗之中，上帝说，让大数据去吧，于是一切都变成了光明！

大数据究竟是什么？这个问题虽然难以用一句话回答，但从大数据的语义中我们知道了大数据意味着数据规模特别巨大，以至于传统的技术手段难以处理。从大数据的4V特征中，我们进一步了解到大数据时代的所谓数据已经从狭义的数字符号走向了广义的信息表征，一切信息都是数据。从大数据的哲学本质中，我们更深入地发掘出大数据现象背后所蕴藏的哲学本质：大数据代表着一种新的世界观，万物皆数据，数据是万物的本质属性，而且随着大数据的发展，我们的世界将变成一个完全被数据化的透明世界。

三、大数据时代社会治理逻辑创新

（一）树立科学的大数据理念是大数据时代社会治理方式创新的前提

随着数据在社会生活中的作用日益明显，树立科学的大数据理念对于科学运用大数据具有前置作用。一是要重视数据。加强领导干部的数据意识，培养用数据说话的意识和客观分析的理性思维。二是要尊重数据。加强对知识的尊重和对科技人才的重视，提高科技决策在政府决策中的地位，使数据成为判断的标准参考。三是要敬畏数据。加强对大数据理论的学习和思考，进一步提高对数据的认知和驾驭能力。

（二）建立广泛的数据获取渠道是大数据时代社会治理方式创新的基础

数据的多少、质量的好坏是数据服务社会治理的关键。一是要建立明确的数据权属。制定数据边界清单，厘清数据共享范围。二是要建立数据正常交易渠道。尝试以发达地区

为试点，开展大数据交易平台建设应用，为数据提供合法、正规的交换平台。三是要建立权利与责任统一的数据应用模式。建立监管机制，使商家在使用数据的同时，履行好数据保护和数据清洗的义务。

（三）建设服务型政府是大数据时代社会治理方式创新的关键

政府要加强利用大数据实现政府职能转变，充分运用大数据平台，进一步提升便民服务水平，切实提高人民群众的安全和满意度。一是建立跑一趟的服务机制。利用大数据的便利优势，实现政务信息公开，设置查询"一键通"功能，为群众办事提供数字向导，同时减少政府开支。二是加强政府、企业间数据共享。打破数据壁垒是数据共享的关键。加快建立数据共享机制，充分调动相关企业、机关的积极性，构建公民办事信息的全网共享使用，减少重复录入、采集问题。三是打破信息垄断。将数据公开于民，使企业更加便捷地获取想要的数据，更好地分析形势以保证经济的稳健发展。

（四）加强资本防范和技术监管是大数据时代社会治理方式创新的底线

大数据技术异化的背后，是利益相关者之间的博弈，也是资本逐利的外现。新经济不排斥资本的功能，但当资本目标与公共利益发生冲突时，就要毫不犹豫地选择服从公共利益，对资本控制进行防范。只有明确资本走向，扎牢法制围栏，相关部门对市场中各种违法违规行为严加防范、严厉打击，以法治赢得利益各方的信任，才能让资本有效助推大数据发展。此外，要确保大数据安全，还要构筑牢固的技术安全底线。归根结底，大数据是依靠互联网技术支撑的，技术上的控制力在大数据的发展中起着至关重要的作用。因此，要提高技术创新力度，努力实现关键网络设施及软件产品的国产化，摆脱对西方技术的依赖，从根本上提升大数据平台的安全防护能力。

第三节　大数据的分类与技术

一、大数据网络中数据分类优化

大数据时代的到来给人类生活带来许多便利，涉及各个行业领域。由于数据量庞大，在进行处理时，较难把握数据的完整性和纯度，运用大数据进行数据分类优化可以保证数据质量，提高数据管理效率。下面就数据分类优化的相关概念进行阐述，指出传统数据分类方法的不足，探讨数据分类在大数据网络中如何应用。

（一）大数据网络和数据分类优化的相关概念

大数据就是利用计算机对数量庞大的数据进行处理。在一定范围内，无法运用常规数据处理软件对数据进行处理加工时，需要开发新的数据处理模式对数据进行处理。

数据分类是指将某种具有共性或相似属性的数据归在一起，根据数据特有属性或特征进行检索，方便数据查询与索引。常见的数据分类有连续型和离散型、时间序列数据和截面数据、定序数据、定类数据、定比数据等，数据分类应用较多的行业是逻辑学、统计学等学科。数据分类应遵循以下几条原则：一是稳定性，进行数据分类的标准是数据各组特有的属性，这种属性应是稳定的，确保分类结果的稳定；二是系统性，数据进行分类必须逻辑清晰，系统有条理；三是可兼容性，数据分类的基本目的就是存储更多数据，在数据量加大时，保证数据的类别可以共存；四是扩充性，数据根据分类标准可以随时扩充；五是实用性，数据分类的目的是对数据进行更好的管理和使用，有明确的分类标准，逻辑清晰，方便索引，数据获取方便。

（二）传统数据分类优化识别方法存在的问题

21 世纪是大数据时代，大数据网络衍生大量数据，对数据进行分类尤其重要，传统数据分类缺乏大数据环境带来的优势，对数据分类只是通过计算机根据现有分类标准进行粗略划分，对后期数据索引工作造成较大麻烦。常见的数据分类方法造成数据冗余度过高，在数据处理和使用过程中，索引属性或特征遭遇改变，使得最初的数据分类标准变得不明确，对数据管理造成困扰。

1. 分类数据冗余度过高

数据冗余是指数据重复，即一条数据信息可在多个文件中查询，数据冗余度适当可以保证数据安全，防止数据丢失。但数据冗余度高会导致数据索引过程中降低数据查询准确性，很多人为简化操作流程对同一数据在不同地方存放，为了数据完整性进行多次存储和备份，这些操作无形中会增大数据冗余度。传统的数据分类处理存在数据丢失的顾虑，对数据进行多次备份，没有认识到增加数据独立性，减少数据冗余度可以保证数据资源的质量和使用效率这一重要性。

2. 数据分类标准不明确

数据分类是为了对数据进行更好的管理和使用，人们进行数据分类是希望对之前操作造成的数据冗余度适量降低，但传统数据分类并没有确定明确的分类标准，对数据进行盲目分类，后期索引造成不便，无法实现数据的有效提取。传统数据分类采用的方法是基于支持向量机的分类方法、基于小波变换算法分类方法、基于数据增益算法，以上几种分类算法造成数据冗余度过高。

（三）大数据网络中数据分类优化识别探究

1. 实现数据冗余分类优化

数据冗余度是一种多种类分类的问题，增加数据独立性和降低数据冗余度是计算机分类数据的目标之一。大数据网络优化通过改变分类算法，对数据冗余现象进行处理分析，在数据分类优化识别过程中，利用局部特征分析方法，对冗余数据中的关键信息做二次提取并相应标记，更换第一次数据识别属性或特征，并将更换过的数据属性作为冗余度数据识别标准，实现冗余度数据的二次分类优化识别。

2. 数据分类标准明确清晰

大数据网络中数据有多个类别，对数据进行分类优化识别必须具有明确清晰的标准，这是传统计算机网络不能做到的，以大数据为研究对象，根据特定标准进行数据分类，提取大数据中的关键属性和特征作为分类标准，在后期数据整理归类时按照相应的分类标准进行归档处理，实现数据的高效管理和使用。研究表明，在 Matlab 的仿真模拟环境中，利用虚拟技术对数据进行分类优化识别过程模拟，根据仿真图像可得出，大数据网络下数据分类处理呈现时域波形，表明数据分类处理结果较为准确。此外，还可以通过向量量化方法对大数据信息流中的关键数据进行获取和处理，作为数据分类优化识别的结果，也获得了理想效果。

大数据网络下对数据进行分类优化识别具有重要意义，通过本节论述可知，数据冗余度仍然是大数据网络分类优化识别应用的主要问题，数据在输入和使用过程中造成数据冗余等普遍问题，加强对数据冗余度的处理，可以实现数据分类优化识别的目的。数据分类优化识别讲究准确率，提高准确率对数据分类优化识别起到关键作用，改进数据分类优化识别方法，在降低数据冗余度的同时，可促进大数据网络中数据分类优化识别的进一步发展。

二、大数据时代数据挖掘技术

21 世纪是数据信息大发展的时代，移动互联网、社交网络、电子商务等都极大拓展了其应用范围，各种数据迅速扩张变大。大数据蕴藏着价值信息，但如何从海量数据中淘换出对客户有用的沙金甚至钻石，是数据人面临的巨大挑战。本节在分析大数据基本特征的基础上，对数据挖掘技术的分类及数据挖掘的常用方法进行了简单分析，以期能够在大数据时代背景下在数据挖掘方向取得些许成绩。

（一）大数据时代数据挖掘的重要性

随着互联网、物联网、云计算等技术的快速发展，以及智能终端、网络社会、数字地球等信息体的普及和建设，全球数据量出现爆炸式增长，仅在 2011 年就达到 1.8 万亿 GB。IDC（ Internet Data Center, 互联网数据中心 ）预计, 到 2020 年全球数据量将增加 50 倍。毋庸置疑，大数据时代已经到来。一方面，云计算为这些海量的、多样化的数据提供存储和运算平台，同时数据挖掘和人工智能从大数据中发现知识、规律和趋势，为决策提供信息参考。

如果运用合理的方法和工具，在企业日积月累形成的浩瀚数据中，是可以淘到沙金的，甚至可能发现许多大的钻石。在一些信息化较成熟的行业，就有这样的例子。比如银行的信息化建设就非常完善，银行每天生成的数据数以万计，如储户的存取款数据、ATM 交易数据等。

数据挖掘是借助 IT 手段对经营决策产生决定性影响的一种管理手段。从定义上来看，数据挖掘是指一个完整的过程，该过程是从大量、不完全、模糊和随机的数据集中识别有效、实用的信息，并运用这些信息做出决策。

（二）数据挖掘的分类

数据挖掘技术从开始的单一门类的知识逐渐发展成一门综合性的多学科知识，并由此产生了多种数据挖掘方法，这些方法种类多，类型也有很大的差别。为了满足用户的实际需要，现对数据挖掘技术进行如下几种分类。

1. 按挖掘的数据库类型分类

利用数据库对数据进行分类成为可能是因为数据库在对数据进行储存时就可以对数据按照类型、模型及应用场景的不同来进行分类，根据这种分类得到的数据在采用数据挖掘技术时也会有满足自身的方法。对数据的分类有两种情况，一种是根据其模型来分类，另一种是根据其类型来分类，前者包括关系型、对象—关系型以及事务型和数据仓库型等，后者包括时间型、空间型和 Web 型的数据挖掘方法。

2. 按挖掘的知识类型分类

这种分类方法是根据数据挖掘的功能来实施的，其中包括多种分析方式，如相关性、预测及离群点分析方法，充分的数据挖掘不是一种单一的功能模式，而是各种不同功能的集合。同时，在上述分类的情况下，还可以按照数据本身的特性和属性来对其进行分类，如数据的抽象性和数据的粒度等，利用数据的抽象层次来分类时可以将数据分为三个层次，即广义知识的高抽象层、原始知识的原始层以及到多层知识的多个抽象层。一个完善的数据挖掘可以实现对多个抽象层数据的挖掘，找到其有价值的知识。同时，在对数据挖掘进行分类时还可以根据其表现出来的模式及规则性和是否检测出噪声。一般来说，数据的规则性可以通过多种不同的方法挖掘，如相关性和关联分析以及通过对其进行概念描述和聚类分类、预测等方法，同时还可以通过这些挖掘方法来检测和排除噪声。

3. 按所用的技术类型分类

数据挖掘的时候采用的技术手段千变万化，如可以采用面向数据库和数据仓库的技术以及神经网络及其可视化等技术手段，同时用户在对数据进行分析时也会使用很多不同的分析方法，根据这些分析方法的不同可以分为遗传算法、人工神经网络等。一般情况下，一个庞大的数据挖掘系统是集多种挖掘技术和方法于一身的综合性系统。

根据数据挖掘应用领域来进行分类，包括财经行业、交通运输业、网络通信业、生物医学领域，如 DNA 等，在这些行业或领域中都有满足自身要求的数据挖掘方法。对于特定的应用场景，此时就可能需要与之相应的特殊的挖掘方法，并保证其有效性。综上所述，基本上不存在某种数据挖掘技术可以在所有的行业中都能使用，每种数据挖掘技术都有自身的专用性。

（三）数据挖掘中常用的算法

目前数据挖掘算法主要有四种，包括遗传、决策树、粗糙集和神经网络。以下对这四种算法进行解释说明。

遗传算法：该算法依据生物学领域的自然选择规律以及遗传的机理发展而来，是一种随机搜索的算法，利用仿生学的原理来对数据知识进行全局优化处理；是一种基于生物自然选择与遗传机理的随机搜索算法，是一种仿生全局优化方法。这种算法具有隐含并行性、易与其他模型结合等优点，从而在数据挖掘中得到了应用。

决策树算法：在对模型的预测中，该算法具有很强的优势，利用该算法对庞大的数据信息进行分类，从而对有潜在价值的信息进行定位。这种算法的优势也比较明显，在利用这种算法对数据进行分类时非常迅速，同时描述起来也很简洁，在大规模数据处理时，这种算法的应用性很强。

粗糙集算法：这种算法将知识的理解视为对数据的划分，将这种划分的一个整体叫作概念，这种算法的基本原理是将不够精确的知识与确定的或者准确的知识类别划分同时进行类别刻画。

神经网络算法：光缆监测及其故障诊断系统对于保证通信的顺利至关重要，同时这种算法也是顺应当今时代的潮流必须推广使用的。同时，该诊断技术为通信管网和日常通信提供了可靠的技术支持与后期保证。

第四节 大数据的特征

一、大数据的 4V 特征

我们从大数据的概念中很难把握大数据的属性和本质，因此国内外学者都在大数据概念的基础上继续深入探讨大数据的基本特征，其中最有代表性的是大数据的 3V 特征或 4V 特征。大数据的 3V 或 4V 特征是指大数据所具有的三个或四个以英文字母 V 打头的基本特征。3V 是指 Volume（体量）、Variety（多样）、Velocity（速度），这三个 V 是比较公认的，基本上没有争议。而 4V 是在 3V 的基础上再加上一个 V，但这个 V 究竟是什么，目前有比较大的争议。有人将 Value（价值）作为第四个 V，也有人将 Veracity（真实）当作第四个 V。笔者曾经将 Value 当作第四个 V，但现在则认为 Veracity 似乎更能代表大数据的第四个基本特征。

（一）Volume（数据规模巨大）

大数据给人印象最深的是数据规模巨大，以前也被称为海量，因此大数据的所有定义中必然会涉及大数据的数据规模，而且特别指出其数据规模巨大，这就是大数据的第一个基本特征：数据规模巨大。

从古埃及开始，人们就学会了丈量土地、记录财产，数据由此产生。古埃及、巴比伦、古希腊都用纸草、陶片作为数据记录的工具，数据规模极其有限。古代中国也很早就有丈量土地和记录财富的历史，先是用陶片、竹片、绢布等做记录工具，后来有了纸张、印刷术等，各种数据更容易被记录，于是就有了"学富五车"的知识人，以及"汗牛充栋"的图书收藏机构。不过古人引以为豪的事情如今看来只是"小儿科"。如今大数据的规模究竟有多大呢？虽然没有一个确切的统计数字，但我们可以举例描述其规模。现在一天内在Twitter 上发表的微博就达到 2 亿条，7 个 TB 的容量，50 亿个单词量，相当于《纽约时报》出版 60 年的单词量。阿里巴巴通过其交易平台积累了巨大的数据，截至 2014 年 3 月，阿里已经处理的数据就达到 100PB，等于 104 857 600 个 GB 的数据量，相当于 4 万个西雅图中央图书馆、580 亿本藏书的数据。腾讯 QQ 目前拥有 8 亿用户，4 亿移动用户，在数据仓库存储的单机群数量已达到 4 400 台，总存储数据量经压缩处理以后在 100PB 左右，并且这一数据还在以日新增 200TB 到 300TB，月增加 10% 的数据量增长，腾讯的数据平台部门正在为 1 000 个 PB 做准备。

随着大数据时代的来临，各种数据呈爆炸性增长。从人均每月互联网流量的变化就可以窥见一斑。1998 年网民人均月流量才 1 MB，到 2000 年达到 10MB，到 2008 年平均一个网民是 1 000MB，到 2014 年是 10 000MB。在芯片发展方面，有一个著名的摩尔定律，说的是每 18 个月，芯片体积要减小一半、价格降一半，而其性能却要翻一倍。在数据的增长速度上，有人也引用摩尔定律，认为 18 个月或 2 年，世界的数据量就要翻一番。2000 年，全世界的数据存储总量大约 800 000PB，而预计到 2020 年，世界的数据存储量将达到 35ZB。以前曾有人提出知识爆炸论而备受争议，而如今的数据暴增已是摆在我们面前的现实。

（二）Variety（数据类型多样）

大数据并不仅仅表现在数据量的暴增及数据总规模的庞大无比，最为关键的是，在大数据时代，数据的性质发生了重大变化。在小数据时代，数据的含义和范围是狭义的。所谓数据，其原意是指"数 + 据"，即由表示大小、多少的数字，加上表示事物性质的属性，即所谓的计量单位。狭义的数据指的是用某种测量工具对某事物进行测量的结果，而且一定是以数字和测量单位联合表征。但在大数据时代，数据的含义和属性发生了重大变化，数据的范围几乎无所不包，除了传统的"数 + 据"之外，似乎能被 0 和 1 符号表述，能被计算机处理的都被称为数据。也可以说，大数据时代就是信息时代的延续与深入，是信息时代的新阶段。在大数据时代，数据与信息基本上是同义词，任何信息都可以用数据表述，任何数据都是信息。这样数据的范围得到了巨大的扩展，即从狭义的数字扩展到广义的信息。

传统的数据属于具有结构的关系型数据，也就是说数据与数据之间具有某种相关关系，数据之间形成某种结构，因此被称为结构型数据。例如，我们的身份证都是按照 19 位的结构模式进行采集和填写数据，手机号码都是 11 位的数据结构，而人口普查、工业普查或社会调查等数据采集都是事先设计好固定项目的调查表格，按照固定结构填写，否则将因无法做出数据处理而被归入无效数据。在大数据时代，除了这种具有预定结构的关系数据之外，更多的是属于半结构数据和无结构数据。所谓半结构就是有些数据有固定结构，有些数据没有固定结构，而无结构数据则没有任何的固定结构。结构数据是有限的，而半结构数据和无结构数据却几乎是无限的。例如，文档资料、网络日志、音频、视频、图片、地理位置、社交网络数据、网络搜索点击记录、各种购物记录等，一切信息都被纳入数据的范围而带来了大数据的数据类型多样的特征，也因此带来了所谓的海量数据规模。

（三）Velocity（数据快捷高效）

大数据的第三个特征是数据的快捷性，指的是数据采集、存储、处理和传输速度快、时效高。小数据时代的数据主要是依靠人工采集而来，如天文观测数据、科学实验数据、抽样调查数据及日常测量数据等。这些数据因为依靠人工测量，所以测量速度、频次和数据量都受到一定的限制。此外，这些数据的处理往往也是费钱费力的事情，比如人口普查数据，因为涉及面广、数据量大，每个国家往往只能 10 年做一次人口普查，而且每次人口普查数据要经过诸多部门和人员多年的统计、处理才能得到所需的数据。人口普查数据公布之时，人口情况早已发生了巨大的变化。

在大数据时代，数据的采集、存储、处理和传输等各个环节都实现了智能化、网络化。由于智能芯片的广泛应用，数据的采集实现了完全智能化和自动化，数据的来源从人工采集走向自动生成。例如上网自动产生的各种浏览记录，社交软件产生的各种聊天、视频等记录，摄像头自动记录的各种影像，商品交易平台产生的交易记录，天文望远镜的自动观测记录，等等。由于数据采集设备的智能化和自动化，自然界和人类社会的各种现象、思想和行为都被全程记录下来，因此形成了所谓的"全数据模式"，这也是大数据形成的重要原因。此外，数据的存储实现了云存储，数据的处理实现了云计算，数据的传输实现了网络化。因此，所有数据都从原来的静态数据变为动态数据，从离线数据变为在线数据，通过快速的数据采集、传输和计算，系统可以做出快速反馈和及时响应，从而达到即时性。

（四）Veracity（数据客观真实）

大数据的第四个特征是数据的真实性。数据是事物及其状态的记录，但这种记录也因是否真实记录事物及其状态而产生了数据真实性问题。由于小数据时代的数据都是人工观察、实验或调查而来的数据，人的主观性难免被渗透到数据之中，这就是科学哲学中著名的"观察渗透理论"。我们在观察、实验或进行问卷调查的时候，首先就要设置我们采集数据的目的，然后根据目的设计我们的观察、实验手段，或者设计我们的问卷及选择调查的对象，这些环节都强烈渗透着我们的主观意志。也就是说，小数据时代，我们先有目的，后有数据，因此，这些数据难免被数据采集者污染，很难保持其客观真实性。

但在大数据时代，除了人是智能设备的设计和制造者之外，我们人类并没有全程参与数据的采集过程，所有的数据都是由智能终端自动采集、记录下来的。这些数据在采集、记录之时，我们并不知道这些数据能用于什么目的。采集、记录数据只是智能终端的一种基本功能，是顺便采集、记录下来的，并没有什么目的。有时候甚至认为这些数据属于数据垃圾或数据尘埃，先记录下来，究竟有什么用，以后再说。也就是说，在大数据时代，我们是先有数据，后有目的。这样，由于数据采集、记录过程中没有了数据采集者的主观意图，这些数据就没有被主体污染，也就是说，大数据中的原始数据并没有渗透理论，因此确保了其客观真实性，真实反映了事物及其状态、行为。

二、大数据的采集方法

（一）系统日志采集方法

对于系统日志采集，很多互联网企业都有自己的海量数据采集工具，如 Hadoop 的 Chukwa、Cloudera 的 Flume、Facebook 的 Scribe 等，它们均采用分布式架构，能满足每秒数百 MB 的日志数据采集和传输需求。

（二）网络数据采集方法：对非结构化数据的采集

网络数据采集可以将非结构化数据从网页中抽取出来，将其存储为统一的本地数据文件，并以结构化的方式存储。可以通过网络爬虫或网站公开 API 等方式从网站上获取数据信息。它支持图片、音频、视频等文件或附件的采集，附件与正文可以自动关联。对于网络流量的采集可以使用 DPI 或 DFI 等带宽管理技术进行处理。

（三）其他数据采集方法

对于企业生产经营数据或学科研究数据等保密性要求较高的数据，可以通过与企业或研究机构合作，使用特定系统接口等相关方式采集。

三、大数据存储（导入）和管理

（一）并行数据库

并行数据库系统大部分采用了关系数据模型并且支持 SQL 语句查询，是在无共享的体系结构中进行数据操作的数据库系统。

（二）NoSQL 数据管理系统

NoSQL 指的是 "Not Only SQL"，即对关系型 SQL 数据系统的补充。NoSQL 最普遍的解释是 "非关系型的"，强调键值存储和文档数据库的优点，而不是单纯地反对关系型数据库。它采用简单数据模型、元数据和应用数据的分离、弱一致性技术，使 NoSQL 能够很好地应对海量数据的挑战。

（三）云存储与云计算

在云计算概念上延伸和发展出来的云存储，是一种新兴的网络存储技术，其将网络中大量各种不同类型的存储设备通过应用软件集合起来协同工作，共同对外提供数据存储和业务访问功能。云存储是一个以数据存储和管理为核心的云计算系统。

（四）实时流处理

所谓实时系统，是指能在严格的时间限制内响应请求的系统。流式处理就是指源源不断地数据流过系统时，系统能够不停地连续计算。所以，流式处理没有严格的时间限制，数据从进入系统到出来结果可能需要一段时间。然而，流式处理唯一的限制是系统长期来看的输出速率应当快于或至少等于输入速率。否则，数据会在系统中越积越多。

四、大数据的分析

数据分析主要利用分布式数据库，或者分布式计算集群来对存储于其内的海量数据进行普通的分析和分类汇总等，以满足大多数常见的分析需求。统计与分析这部分数据的主要特点和挑战是分析涉及的数据量大，其对系统资源，特别是 I/O 会有极大的占用。如果是一些实时性需求会用到 EMC 的 GreenPlum、Oracle 的 Exadata，以及基于 MySQL 的列式存储 Infobright 等，而一些批处理，或者基于半结构化数据的需求可以使用 Hadoop。

五、大数据的挖掘与展示

大数据技术不在于掌握庞大的数据信息，而是将这些含有意义的数据进行专业化处理，将海量的信息数据在经过分布式数据挖掘处理后将结果可视化。数据可视化主要是借助于图形化手段，清晰有效地传达与沟通信息。依据数据及其内在模式和关系，利用计算机生成的图像来获得深入认识和知识。这样就对数据可视化软件提出了更高的要求。数据可视化应用软件的开发迫在眉睫，数据可视化软件的开发既要保证实现其功能用途，同时又要兼顾美学形式。例如，标签云、聚类图、空间信息流、热图等。

大数据成为推动经济转型发展的新动力。以数据流引领技术流、物质流、资金流、人才流，将深刻影响社会分工协作的组织模式，促进生产组织方式的集约和创新。大数据成为重塑国家竞争优势的新机遇。在全球信息化快速发展的大背景下，大数据已成为国家重要的基础性战略资源，正引领新一轮科技创新。大数据还成为提升政府治理能力的新途径。大数据应用能够揭示传统技术方式难以展现的关联关系，推动政府数据开放共享，促进社会事业数据融合和资源整合，将极大提升政府整体数据分析能力，为有效处理复杂的社会问题提供新的手段。

第五节　大数据产业协同创新动因

自 2015 年国家出台《促进大数据发展行动纲要》至今，我国涉及大数据发展的国家政策已多达 63 项，参与发布政策的部门包括国务院、发改委、环保部、交通运输部和工信部等。2014 年以来，大数据已连续六年被写进政府工作报告，更在"十三五"规划纲要中被提升为国家战略。习近平总书记在党的十九大报告中明确指出，要推动互联网、大数据、人工智能和实体经济深度融合。这不仅为破局"数据孤岛"提供了思路，也为大数据产业的发展指明了方向。2016 年，由国家信息中心、中国科学院计算技术研究所、浙江大学软件学院、清华大学公共管理学院、财经网等 60 余家单位共同发起成立了"中国大数据产业应用协同创新联盟"；2017 年，教育部规划建设发展中心、曙光信息产业股份有限公司和国内数十所高校共同发布了大数据行业应用协同创新规划方案。由此可见，政府、科研院所、高校及企业均高度重视大数据产业的发展。

一、国内外研究现状

早在 1980 年，著名未来学家阿尔文·托夫勒就在《第三次浪潮》一书中提出大数据的概念，随后，关于大数据的研究热潮席卷全球。Suthaharan 讨论了利用几何学习技术与现代大数据网络技术处理大数据分类的问题和挑战，并重点讨论了监督学习技术、表示学习技术与机器终身学习相结合的问题。Gandomi 等结合从业者和学者的定义，对大数据进行了综合描述，并强调需要开发适当、高效的分析方法，对大量非结构化文本、音频和视频格式的异构数据进行分析与利用。韩国学者 Kwon 等在相关研究中提到了大数据产业并构建了大数据产业发展的政策体系。

国内对大数据的研究虽然起步较晚，但与经济发展的联系更为紧密。邱晓燕等基于产业创新链视角，围绕产业链、技术链与价值链，对大数据产业技术创新力进行了分析，并通过比较案例分析法发现，在大数据产业链方面，我国与发达国家相比存在较大差距，提出从技术创新链、市场机制和评价体系三方面提升我国大数据产业创新力。周曙东通过编制大数据产业投入产出表，并利用 2017 年全国投入产出调查数据，测度了大数据产业对经济的贡献度，为制定大数据产业发展战略提供了重要参考。刘倩分析了大数据产业的政策演进及区域科技创新的相关要素，从驱动、集聚等角度分析了大数据产业促进科技创新的作用机制，并实证分析了大数据产业推动区域科技创新的路径。沈俊鑫等利用贵州省大数据产业发展数据，分别运用 BP 神经网络模型和熵权 –BP 评价模型对其发展能力进行了评价，研究结果表明，后者的评价更为精确。周瑛等从宏观、中观和微观三个方面对影响大数据产业发展的因素进行了理论分析，并运用德尔菲法和层次分析法实证分析影响大数据产业发展的主要因素，结果表明，影响大数据产业发展的因素由大到小依次为宏观因素、中观因素和微观因素。胡振亚等指出，大数据是创新的前沿，并从知识、决策、主体和管理四个方面阐释了大数据对创新机制的改变。王永国从顶层设计、人才队伍等角度分析了大数据产业协同创新如何推动军民融合深度发展。吴英慧对美国大数据产业协同创新的主要措施和特点进行了深入剖析，以期为我国大数据战略的实施提供决策参考。

综上所述，国内外学者对大数据及大数据产业的研究已经取得了较为丰硕的成果，但学界对"大数据产业"尚未形成统一的界定，且鲜有文献对大数据产业协同创新发展进行深入系统的研究。因此，本节结合我国大数据产业发展的实际情况，探讨大数据产业协同创新的动因，并提出大数据产业协同创新推进策略，以期为我国大数据产业的发展提供参考。

二、大数据产业协同创新及其动因分析

（一）大数据产业协同创新

1. 大数据产业协同创新的概念

大数据产业协同创新是指政府部门、科研院所、高等院校、企业等多主体共同参与，以互联网、物联网、大数据应用为导向，充分发挥各单位资源优势，因势利导，最终通过挖掘大数据价值来促使大数据产业成为经济增长的重要支撑。大数据产业协同创新响应了国家"大众创业、万众创新"的号召，多元利益主体在良好的政策环境下共同提升大数据产业整体的理论研究和应用水平，进而形成健康的大数据产业发展生态。

在"互联网+"背景下，大数据产业的协同发展模式呈现多样化，主要体现在战略协同、产业协同和技术协同三个方面。战略协同主要是根据大数据产业的特殊性，在"中国制造2025"战略背景下，通过工业化和信息化的融合发展有效促进大数据产业协同创新发展。"两化"的融合发展激发了制造业的创新活力，促进了大数据产业与制造业的协同创新。大数据产业的发展将促进制造业向高端化迈进，制造业又将反过来促进大数据产业的持续创新发展。产业协同主要是指在"两化"融合的基础上，抓住智能制造发展的契机，以工业大数据的深度分析为智能制造提供技术支持。工业互联网驱动工业智能化，大数据产业中的云服务、物联网等将推动智能制造业的创新发展。技术协同主要是指人工智能技术与大数据技术的相互渗透，通过利用已有人工智能技术来促进大数据产业的创新发展以及实现产品的智能化。从发展的角度可以看出，大数据产业协同创新生态体系的发展是不断升级的，创新模式由线性向生态化发展。

2. 大数据产业协同创新运行机制

大数据产业协同创新的核心运行机制是资源共享机制。大数据产业利用协同创新平台整合相关的知识、技术、人才等资源，从而产生集聚效应，促进创新活动的开展。通过产业链上游与下游的连接，高端化的创新资源可以得到充分共享与利用。通过大数据产业协

同创新，将不同参与者的运营情况信息进行整合、分析与处理，并将处理后的信息反馈给各参与主体，有助于为各参与者的进一步发展提供决策参考。通过完善价值链，实现参与主体的价值升级，并借助互联网平台实现人与信息的交互，有助于持续推动大数据产业的协同创新发展。

（二）大数据产业协同创新动因分析

大数据产业协同创新特征。大数据产业主要以互联网为载体，产业链的上下游贯穿着消费主体对数据的利用，因此，大数据产业协同创新的特征表现为协同领域广和协同模式多样化。协同领域广主要体现在以下几方面：在产业领域，大数据产业协同创新有助于降低各产业的成本，促进价值增值，促进科学决策；在教育领域，大数据产业协同创新实现了教育决策的科学化和民主化；在军民融合领域，大数据产业协同创新推动了军民融合产业的深度发展；在城市治理领域，人们利用大数据技术采取数据规训的方式成功实现了城市的秩序规训。协同模式多样化主要体现在三方面。第一，战略目标协同。大数据产业协同创新必然将多个产业的发展战略目标进行有效整合，在双方达成共识后，相互合作，利益共享。第二，产业梯度与差异化协同。大数据产业在协同创新发展过程中的梯度化和差异化能够有效促进大数据产业协同创新的高质量发展。第三，法治保障协同。大数据产业的特点在于数据的无形性，因此，对知识产权的保护尤为重要，其有利于促进各主体的良性竞争。

大数据时代，我国传统的经济发展模式已不能驱动经济更高质量发展，国民经济转型升级迫在眉睫。在此背景下，大数据产业协同创新与新旧动能转换、产业转型升级等要求高度契合，是去产能、去库存的重要技术手段，是促进经济增长的新动力。信息技术的发展催生了包括大数据在内的人工智能、云计算等高新技术，持续更新升级的信息技术将为这些前沿技术的融合编织稳固的纽带。在此基础上，这些前沿技术的协同创新将具有实现超级规模数据库的建立、超快速的数据分析、超高精度的数据处理等强大性能。将这些技术应用到国民经济的各个领域，有助于推动这些领域的创新，从而为国民经济的发展注入新动力。

大数据产业协同创新是提升政府治理能力的新途径。大数据产业协同创新将从加强政府公共服务职能、提高政府政务服务能力、完善政府信息公开制度、加强政务监管四个方面提升政府治理能力。

首先，大数据产业协同创新有助于加强政府的公共服务职能，推进服务型政府的建立。交通、基础设施等领域是民众使用高频、需求迫切的公共服务领域。在大数据产业协同创新过程中，政府有关部门可以利用大数据技术挖掘国民对公共服务的精细化需求，为政府高效履行职能提供决策依据。

其次，大数据产业协同创新有助于提高政府的政务服务能力，推进智慧型政府的建立。大数据技术是一种新兴前沿技术，政府有关部门已开始利用大数据技术将数据的规模计算、分析、处理应用于日常管理工作。大数据技术的利用有助于政府梳理海量数据，挖掘数据价值；有助于政府开通电子政务平台，实施电子政务操作，从而推动形成政府治理现代化体系。

再次，大数据产业协同创新有助于完善政府信息公开制度，推动开放型政府的建立。应利用大数据技术对政府工作领域内的微型数据、小型数据、大型数据进行综合分析、处理，从中挖掘出与城乡居民联系密切的有价值的数据并在政务信息中公开，以促进政府数据的开放共享。

最后，大数据产业协同创新有助于加强政务监管，推进阳光型政府的建立。大数据产业协同创新将有效汇集政府工作各个环节的数据，通过大数据技术的分析功能，识别并锁定权力运行的合理范围，对权力进行有效监督，促使权力在阳光下运行。

大数据产业协同创新是实施创新驱动发展战略的现实需求。大数据产业协同创新将渗透各个行业，带动各个行业的创新，进而驱动整个国民经济的发展。随着大数据在工业、金融业、健康医疗业等产业的应用不断深化，产业的发展方式将逐渐转变，产业发展也将不断获得新的动力。在工业方面，2018 年 6 月工信部印发《工业互联网发展行动计划（2018—2020 年）》，明确提出推动百万工业企业上云，而此计划只有通过工业与大数据产业协同创新才能实现。这种新型的工业发展方式是工业转型发展的有益实践，将有助于提升国民经济现代化的速度、规模和水平。在金融业方面，由大数据处理带来的量化交易等智能投顾将为金融业开辟新的蓝海市场。这种智能投顾方式不仅能弥补传统金融交易的某些不足，还能降低交易成本。在健康医疗产业方面，大数据产业的协同创新将有助于推动"互联网＋健康医疗"数据库的建立，满足患者个性化的需求，开启多元医疗应用市场，发挥健康医疗等新兴产业拉动经济增长的引擎作用。此外，大数据产业协同创新也将减少市场中交易主体信息不对称的问题。无论在哪种市场，都可以依据某一现实应用需求采集数据建立相应的数据库，大数据技术将帮助企业、个人从海量的数据中挖掘出所需信息，帮助企业、个人进行交易决策，减少信息不对称问题的发生。

三、大数据产业协同创新推进策略

近年来，我国大数据产业协同创新获得了快速发展，但也存在一些问题。首先，虽然协同创新的规模大，但质量较低。低端的大数据产业协同创新难以形成规模效应，开发成本较高。其次，虽然大数据产业协同创新模式多样，但缺乏有效模式的创新。很多大数据产业协同创新模式不可复制、不可推广。最后，大数据产业与传统产业之间难以实现有效融合。产业结构的不合理给大数据产业协同创新带来了严重阻碍。基于以上问题，笔者提出以下对策建议。

（一）构建大数据产业协同创新生态体系

随着经济的快速发展和科学技术的不断更迭，大数据产业在我国发展迅速。信息通信技术的快速发展为大数据产业的发展提供了技术支持，国家大数据战略和各级政府相关政策部署加快了大数据产业的发展进程。在诸多利好因素的影响下，我国大数据产业蓬勃发展，市场潜力逐步显现。从区域发展来看，我国大数据产业区域发展差异较为明显，东部发展迅速，西部次之，中部再次之，东北部排在最后，但各地区大数据产业规模都呈增长之势。我国具有代表性的大数据产业集聚区主要有京津冀地区、珠三角地区、长三角地区和大西南地区。其中，大数据产业最集聚的地区是京津冀地区，其辐射范围也在逐渐扩大；利用信息产业和计算中心的优势，珠三角地区不断加强大数据产业的集聚发展；长三角地区则积极推动大数据应用于公共服务领域；大西南地区利用政策优势，积极培育、引入大数据产业以带动区域经济发展。我国大数据产业市场规模在 2018 年达到 437.8 亿元，是2012 年市场规模的近 13 倍，预计到 2020 年我国大数据市场产值突破 10 000 亿元，成为我国新的经济增长点。

（二）积极探索大数据产业协同创新模式

既具特色又可以复制推广的大数据产业协同创新模式可以为大数据产业的可持续发展提供动力。大数据产业作为新兴战略产业，其发展打破了传统产业发展的模式，通过注入"互联网 +"的活力，与其他产业协同发展，构建以企业为核心的大数据产业协同创新模式。有关部门应借助互联网中的云服务，引导其他产业与大数据产业协同发展，运用互联网技术优化整合两者之间的组织关系和发展关系。要结合市场化、信息化原则，推动大数据产业链向高端发展，使产业协同发展的效率不断提高。通过成立区域"协同创新战略联盟"，建立合作团队，共同规划本区域大数据产业协同创新发展模式。以战略联盟为纽带，形成分支智库，从技术、管理、运营等多方面探讨协同创新模式的构建，并通过不断尝试，形成较为成熟的协同创新模式。

（三）推动大数据产业科技资源信息共建共享

从现有情况来看，科技资源共享主要存在有偿共享和不共享两种情况，只有一小部分是无偿的和共享的，但共享方式比较单一。虽然有关部门搭建了很多网络平台，但仅仅提供某些资源的信息简介，并不展现具体的资源内容。因此，有必要搭建大数据产业协同创新发展科技资源信息共享平台，将不同部门收集到的信息资源进行共享。政府各部门应对资源进行有效协调，保证信息沟通顺畅，解决好多种来源信息的管理问题；定期对资源保存单位开展监督和评价工作，为科技资源信息的共享保驾护航；处理好政府与科研单位之间的信息管理关系，因为很多科技资源信息都是由科研单位提供的，政府要求资源信息共享，难免会受科研单位的限制，因此，政府应设立专门的岗位，安排专人从事资源的共享共建工作；参与共享共建的单位应积极履行共享协议，对共享资源的利用情况及时给予反馈。

（四）促进大数据产业结构不断优化升级

大数据产业结构的优化升级主要涉及大数据对政府、企业和个人的应用价值的提升。

首先要挖掘大数据在企业商业方面的价值，这是实现企业资源优化配置的关键。企业是大数据产业协同创新的重要载体，因此，要利用大数据技术深度挖掘企业在发展大数据产业方面的客观条件，选择优质企业来推动大数据产业的协同创新发展。大数据产业在积极挖掘商业价值的同时，也要兼顾政府和个人方面的价值，使整体发挥出的经济效益最大化。大数据分析结果可以为政府决策提供参考，有助于改善民生。政府不仅是大数据的主要支配者，也是大数据产业协同创新发展的主要评价者。在工业化和信息化深入融合的背景下，大数据在促进企业特别是工业企业信息化水平的提升方面起着至关重要的作用，而工业企业信息化水平的提升能促进相关产业链的延伸并推动产业链向高端发展。为保证大数据产业协同创新的顺利进行，政府必须做好统筹规划、协调、组织等工作。为保证市场在资源配置中起决定性作用，也要充分发挥市场的作用。此外，在"互联网＋"和智能制造背景下，需要重视"未来型"大数据的建设。所谓"未来型"大数据建设，就是在网民不断增加的背景下，大数据在未来可以持续产生，不断积累，并被运用到社会生活的各个领域，进而为大数据产业协同创新发展打下坚实的基础。

第二章 大数据时代档案管理的新要求与存在的问题

第一节 档案管理的新要求

一、理论体系之变

（一）数据观的改变

随着移动通信技术的普及，人们进入了大数据时代。数据量的激增是这一时代最为突出的特点，我们以前那些用于描述和处理数据的技术与方法在此时显得力不从心。人们对于数据的使用已经不再仅限于抽样数据，而是全部数据，任何数据在大数据时代都有它自身存在的价值。而对于大数据的定义、特点、治理标准体系笔者在上一章已经向各位读者做了详细的介绍，并展开了相关问题的讨论，在此就不赘述了。那么档案又和大数据有什么关系呢？无论是档案馆的馆藏档案，还是各级各类单位、公司的档案，它们都可以看成档案部门的大数据。由于受制于财力、人力、物力的约束，档案管理部门只能把一些有用的信息归入档案进行保存，那些看似没有价值的信息就只有被丢弃的命运——尽管档案管理部门希望能够将全部资料都加以归档，避免因档案数据的遗失造成任何损失。而现在就不同了，随着计算机技术的发展，人们进入大数据时代，过去那些单一的数据可能并没有任何意义，但是当它们集中到一起的时候，它们的作用便会显现出来。因此，档案部门要摒弃过去那种对档案数据"挑三拣四"的归档理念，树立大数据技术背景下的数据观。

（二）档案观的改变

重视数据是大数据观所一直秉持的观点，任何数据在大数据看来都是有用的。档案观的改变是要求档案管理部门将有用的数据视为档案的传统观念转变为所有的档案数据都是有用的这一新的观念。人类的智慧结晶、生产生活都可以通过档案得以真实地反映，但是实际情况却是它们被散落在社会的各个角落，很多宝贵的档案面临无人整理、遗失、受损的境况。因此，我们有必要建立新的档案观，主要因为：第一，随着技术的发展，我们能够做到"一切归档"。档案之门能够开得更大。① 归档的范围应该不断扩大、门类更加丰富，把所有涉及社会生产生活的、具有保存和利用价值的信息都涵盖进来，特别是对在互联网上产生的即时信息进行及时的抓取，如果抓取不及时便会让这些信息消失在茫茫的信息海洋里，难觅踪迹。对于那些层次较低、平民化的信息要加以关注。第二，无处不在的档案。在人们固有的观念里，档案馆里存放的档案才叫档案。但是随着互联网的普及，每时每刻海量的信息数据如同海底火山一样喷涌而出，分布在各个网络节点和神经末梢。尽管人们没有及时地把它们收集到档案馆里，但是如果有需要的话，它们能够被检索到，发挥自身的价值，那么它们就是潜在的档案。

（三）服务观的改变

作为信息科技领域一项具有颠覆性的技术变革——大数据，其实质是计算机服务时代的来临，对数据的抽丝剥茧、总结结论更体现了计算机行业正从技术供应型转为服务供应型 ②，服务的高层次要求需要技术的变革，更好的服务需要技术的进步作为基础。数据之所以会存在就是要利用服务，而大数据的产生使人们的需求发生了改变。利用服务不再像过去那么简单而纯粹，人们除了利用文件之外，还渴望通过文件中的数据获得更多隐藏的信息和内容。在大数据背景下，档案服务定会向多元化、社会化的方向迈进，服务成为档案管理侧重的一个方面。第一，档案管理要"为民服务"。档案部门不仅要坚守国家赋予的责任、坚持党的利益，还要树立服务民生的意识，维护好新时期国家赋予广大人民群众的切身利益。第二，变被动型服务为主动型服务。档案部门应该充分利用大数据的相关技术将蕴藏在海量数据背后的知识发掘出来，通过分析用户的习惯和兴趣挖掘更多的数据，变革档案利用服务的方式，增强档案服务意识，将准确度高、利用价值大的档案信息推送给用户，不断完善档案咨询服务工作。第三，建立一站式档案服务体系。好的档案服务是建立在大量的数据基础之上的，收集的档案越全，整理得越规范，人们查到自己需要的档案的概率就越大，也就越能够为人们解决问题。因此，档案管理部门应该建立起一套一站式档案服务体系，使人们可以不受时间和空间的限制，对海量数据做出精细化查询，得到最佳的数据解决方案。

（四）平台的搭建

为了适应互联网的快速发展，各行各业都开始积极地搭建适合自身发展的平台。平台可以作为收发信息的资源，信息资源越是丰富就越能吸引到用户，只有用户达到一定的数量才可以维持行业的健康快速发展。随着时间的推移，越来越多的档案数据沉淀下来。在大数据时代背景下，已有的档案管理模式早已无法适应信息资源管理的新要求。为了尽早改变这种局面，档案部门应该及早建立一个有丰富的信息资源、便于操作、高效服务的档案数据平台。在建设档案数据平台的时候，我们应该注意如下两个方面的内容。第一，一

---

① 付建忠.大数据时代档案工作的机遇和挑战 [J].机电兵船档案，2014（4）：19-22.
② 孟薇薇.信息爆炸时代的新概念——大数据 [J].商品与质量，2012（9）：9.

定要做好档案管理系统互联网平台的开发工作。进入信息化时代，一张张档案信息网被建立起来。从地区来看，中东部地区的档案信息网无论在数量上还是在内容上都要明显高于西部地区；从层级来看，省市级档案信息网较县级档案信息网的建设要好很多。地区发展不平衡、层次不完善是目前各地档案信息化建设面临的现实问题。各地的档案管理部门要借助大数据技术，在不断完善自身档案信息网建设的同时，发挥地区优势，对不发达地区的档案信息网建工作给予一定的技术支持，帮助它们一同进步，争取早日实现全国档案管理系统平台的建成。第二，行业内部档案管理系统局域网平台的建设工作。局域网的优势就在于可以进行行业内部的沟通和交流。通过建立行业内部系统平台，不但能够避免由于各自操作导致"信息孤岛"和信息无法流转情况的出现，借助权限管理集中数据资源，还可以通过附属软件将外部信息在系统中进行导入和导出操作。这样，既满足了办公自动化的要求，又提高了各级、各部门之间处理文件的效率。档案系统平台应该包括"档案管理"模块，按照不同部门产生的档案将档案分门别类。例如，文书类、业务类、财会类、科技类、实物类、公务礼品类等。在业务工作的每个环节渗透档案管理的理念。档案员可以查看和预归档来往的文件，并借助内部系统平台对本年度各科室办理完的文件加以汇总，按照"机构—问题—保管期限"完成归档，归档文件目录可由电脑软件自动生成，使纸质档案与电子档案一一对应（通常情况下，普发性通知文件不必打印出来，但是需要备注在归档文件目录里）。

二、数据资源体系之变

（一）更广的来源

在人们的固有观念里，档案部门收藏的都是一些有关党和国家的档案，这就大大地限制了档案的来源，把档案的范围集中在机关和企事业单位。大数据时代背景下，互联网、社会、大众生活也应该成为获取档案数据的来源。随着互联网的普及，越来越多的数据来自互联网。如今，互联网已经成为最大的信息资源生产地，而我国的网民数量已经稳居世界各国之首。中国互联网络信息中心在 2019 年发布的一份互联网调查报告指出，截至2018 年 12 月，我国网民的数量达到了 8.29 亿，全年新增网民 5653 万，互联网普及率达59.6%，较 2017 年年底提升了 3.8 个百分点。其中，我国手机网民的数量达到了 8.17 亿，全年新增手机网民 6433 万。网民中使用手机上网的比例由 2017 年年底的 97.5% 提升到了2018 年年底的 98.6%。可见，互联网产生的海量信息已经成为档案数据的一个重要来源。同时，加大对民生的关注力度是档案部门获取档案数据来源的又一个大的变化。最近几年，为了响应国家政策，档案部门加大了收集与民众切身利益相关的民生档案的工作力度。档案部门还利用国际档案日对普通公民展开教育，帮助民众树立社会档案意识，唤起他们对我国档案事业的关注。生活中那些七零八碎，与自身生活息息相关的照片、影像、发票、凭证、行车记录、就诊信息等，看上去貌似毫无价值，但是它们却是我们每个人过去岁月中的一部分，对个人而言也有着重大的意义。[1]当前，为了使我国的档案管理向生活化、草根化方向发展，家庭档案和个人档案的建立正成为一种新的趋势。

（二）更丰富的内容

信息资源是档案部门安身立命的根本所在。数量越大、门类越多，档案的价值才能够发挥出来，越加凸显档案部门的社会地位。当信息技术进入大数据时代，档案部门也意识到自身变革的重要性，开始不断改变自己。

1. 数据量大增

在大数据背景下，我国档案数据资源在总量上呈现快速增长的趋势。截至2018年年底，全国各级国家综合档案馆馆藏档案75051.1万卷（件），录音磁带、录像磁带、影片档案105.0万盘，馆藏电子档案127.7万GB。其中，数码照片33.2万GB，数字录音、数字录像30.5万GB。馆藏档案数字化副本1556.4万GB。2018年度全国各级国家综合档案馆共接收档案6393.2万卷（件），照片档案122.0万张，录音磁带、录像磁带、影片档案2.9万盘。2018年度全国各级国家综合档案馆共征集档案284.0万卷（件），照片档案18.4万张，录音磁带、录像磁带、影片档案0.4万盘。随着新一轮各级各类档案馆的改扩建工程的批复与落地，我国档案馆馆藏容量必将持续增长，对存量档案的数字化处理以及新增档案的电子化处理将是档案部门今后一段时间的工作重点，"双套归档制"仍是我国档案管理的主要制度。而那些经过移交、寄存、撤转并改的档案，很容易就会让档案馆的馆藏存储量由TB级跨越到PB。

2. 数据类型大增

纸质、声像、实物是档案常见的三种类型。随着信息化的普及，电子档案也成为档案的一种类型。此外，档案部门还要对浏览查询记录、用户信息等进行保存。由于这些信息的载体不同、各自特点突出、结构差异大，因此档案部门以不同的方式把它们分门别类地保管起来。这样，即使是同一条信息也会因载体的不同而呈现出不同的数据形式。同样的道理，同一个数据形式会因载体的不同而呈现出不同的信息。异构数据大集群便由此产生。随着大数据技术的发展，越来越多的半结构化、非结构化数据将以表格、文档、图像、音频、视频、网页等形态呈现出来。异构化数据将是未来档案馆藏的重要来源，类型多样、非结构化的数据将在档案中占有越来越大的比例。

3. 数据价值密度下降

与一般的信息资源比起来，档案能够真实地记录历史，因此有着很高的价值。然而，对于大多数的档案而言，从它们进入档案馆的那一刻起，便进入深度睡眠的状态，少有人问津。相关调查表明，真正具有较大利用价值、利用率较高的档案在全部馆藏中的占比并不是很高。随着大数据时代的到来，档案数量也在不断地增加，档案价值密度也越来越低，因此有价值的档案的占比越来越低。

---

[1]　陈如明.大数据时代的挑战：价值与应对策略 [J].移动通信，2012(17)：14.

4. 数据处理速度加快

信息化技术的普及使档案部门对档案的管理工作由过去的人工手动管理模式转变为信息化的、网络化的收、管、用业务流程管理模式。时效性和便捷性是大数据时代档案管理工作的两大特点：第一，互联网上的信息更新的速度都会很快，特别是那些有用的信息，若无法将它们快速地抓取出来，便难觅踪影；第二，为了更好地满足用户的需求，档案员应该快速地从海量的档案中提取用户想要的信息。怎样才能快速地提取出用户想要的信息呢？云计算技术是大数据背景下档案部门亟须学习和掌握的一项技术。云计算技术基于互联网技术，利用各种精密的算法，在大幅度提高档案资源处理速度的同时，提高查找的准确度。

（三）更多的收集方式

1. 强制收集

在实际工作中，一些单位总是借故拖延或是从未积极主动地把档案交给档案馆。加之修订前的档案法对单位和个人的威慑力有限，有的档案部门又不主动要，所以要想把档案收齐弄完整难度可想而知。2016 年 11 月 7 日第十二届全国人民代表大会常务委员会第二十四次会议对《中华人民共和国档案法》（以下简称《档案法》）做了第二次修正。其第五章第二十七条规定，有下列行为之一的，由县级以上人民政府档案行政管理部门责令限期改正；情节严重的，对直接负责的主管人员或者其他直接责任人依法给予行政处分：a.将公务活动中形成的应当归档的文件、资料据为己有，拒绝交档案机构、档案工作人员归档的；b.拒绝按照国家规定向国家档案馆移交档案的；c.违反国家规定擅自扩大或者缩小档案接收范围的；d.不按照国家规定开放档案的；e.明知所保存的档案面临危险而不采取措施，造成档案损失的；f.档案工作人员、对档案工作负有领导责任的人员玩忽职守，造成档案损失的。修订后的档案法赋予档案行政管理部门强制执行档案收集移交的权力，也从法律层面明确了违法违规人员和行为的法律责任。

2. 实时捕捉

互联网可谓是深入每个人的日常生活当中，它所蕴含的信息具有数量大、更新快、传播广的特点。这对大数据时代下的档案收集工作提出了新的挑战。对于档案员而言，是否能够捕捉到有价值的信息并将其归档，是对业务能力和操作水平的检验。档案部门应该转变过去那种"等人送上门"的档案收集办法，利用云计算技术，实时抓取互联网上有用的信息，使档案资源动态化，不断提高互联网信息资源抓取的科学性、准确性。

三、利用服务体系之变

（一）服务对象

以前，党和政府的相关部门是档案部门服务的主要对象，因此企事业单位、公务员、职工是档案服务最大的受益者。新时期，国家对民生档案资源的收集给予更多的重视，档案服务要面向广大人民群众，为智慧城市建设服务、为特色小镇建设服务。而档案服务的另一个显著变化就是线下服务延伸到线上服务。随着网络通信技术的快速发展，网络数据传输速度越来越快，百兆网速已经得到普及，移动通信方面 5G 网已经在部分城市开始运营。网络的畅通为数据资源的极大丰富提供了物质基础，这也为档案管理的网络化建设提供了技术支持。于是，更多的网络用户成为档案服务的新客源。他们在查找档案的时候并不需要亲自来到档案馆，而是通过互联网进入档案馆的网站，浏览和查阅自己需要的档案信息。他们的需求和咨询行为使他们成为档案用户与档案潜在用户。

（二）服务内容

长期以来，档案馆都是按照"用户到馆查询，档案馆为其查找"的模式开展服务的。档案馆的服务范围只针对馆内的资源，而馆外的资源由于没有进入馆内，自然不在服务的范围之内。但是，从比例上看，大部分的档案都因档案馆容纳档案的空间有限被"拒之馆外"。在大数据背景下，档案馆应该把馆外资源，特别是互联网资源纳入档案服务内容，使档案服务内容更加丰富。过去那种用户需要什么，档案员就提供什么的服务模式只是浅层次的档案服务。在大数据时代，档案服务要把心思放在关注用户个体行为上，通过分析用户的身份信息、搜索方式、查询记录、利用结果等数据，描绘出用户的利用需求和利用习惯，为以满足社会个体诉求为目的的档案大服务的开展提供数据支持。[①] 针对档案用户的个性化需求制定出相应的查询与解决办法，使档案服务内容突出差异、精准到位。

（三）服务方式

档案服务的实体机构是各级各类的档案馆，大量的档案资源存放在档案馆里，馆藏成为传统意义上档案服务的物质基本。档案用户只有在获得身份证明后才能到档案馆查询需要的档案资料。而在大数据背景下，档案用户则无须经历这个烦琐的过程，借助互联网，通过档案远程服务方式，便可以轻松地解决档案查询的相关问题，档案馆在收到用户诉求之后，通过互联网、快递或其他方式将档案提供给用户。有了大数据相关技术的支持，档案馆的服务方式向个性定制、智能推送的方向发展。档案员也不再像过去那样，只是等着用户来到档案馆查询档案，而是利用互联网向任何需要档案服务的用户展开网上询问、答疑服务，记录他们的诉求、分析他们的需求，判断他们的需求趋势和利用偏好，积极挖掘他们潜在的查询需求，并利用人工智能向他们推送自己感兴趣的内容和服务。[②]

（四）服务目的

能够最大限度地满足档案用户的信息需求是档案服务的最高目的。在大数据时代背景下，用户对于档案的需要已经不再停留在档案资料的表层，而是要结合自身的知识储备和个性化的理解来筛选与捕捉信息内容，把看起来毫无规律的信息整理成可以用来解决特定

---

① 陈芦燕．大数据时代的档案信息服务研究 [J]．兰台世界，2014（8）：29-30.

② 王运玲，温波．大数据时代下档案信息资源的知识服务 [M]//建设与文化强国相匹配的"档案强国"论文集．北京：中国文史出版社，2014：359-364.

问题的答案或者方法。[①] 在大数据时代，用户需求是档案部门档案利用服务工作的出发点。与此同时，档案部门还要精准地掌握档案用户的深层需求，把相关的知识传递给他们，从而实现档案信息资源的利用服务同知识服务的双赢。

四、安全保障体系之变

（一）保管条件

档案类型的变化对档案数据的保管条件也提出了不同的要求。过去，由于大部分的档案类型比较单一，通常以纸张、胶片的形式存在，种类单一，档案库房只要严格地按照"八防"的要求进行保管便不会造成档案的损失。随着信息技术的发展，信息载体的形式也越来越丰富，档案的类型也从最初的纸质档案发展出了音像档案、光盘档案、数码缩微档案等。这些档案类型对保存条件和保存场所提出了更高的要求。例如，音像档案不能靠近磁场、光盘档案不能磨损，在对档案馆进行改扩建工程的时候要将档案数据保管基础条件设施的安全性考虑进去，同时必须购买专业的设备确保各种类型档案的安全。

（二）应急管理

由于档案本身具有很高的价值且独一份，所以档案管理工作的一项重要内容就是档案的安全应急管理。然而，无论人们把档案防护工作考虑得多么周密，档案还是无法摆脱危险的侵袭。主要有两方面的原因：一方面自然性和社会性重大突发事件给档案资源的安全管理带来了严重的威胁；另一方面传统档案管理工作模式与机制难以套用到重大突发事件的档案管理工作之中。[②] 当前，我国的存量档案的规模已经很大，增量档案的增长速度很快，类型也在不断增多，而传统的档案应急管理制度存在适用范围过窄、应变能力差的缺点，完善的电子档案安全应急管理制度还没有建立起来，因此当突发事件来临的时候，档案安全必将承受巨大的挑战。在大数据时代背景下，除了以突发事件的类型为切入点，档案应急管理还应该根据档案类型的不同制订有针对性的精细化的应急预案，建立标准化的应急管理制度，使档案应急行为常态化，最大限度地减轻或者避免紧急事件对档案造成的难以挽回的后果。

（三）技术手段

在大数据时代，档案数据的规模变得空前庞大，单一的计算机输入检出方式已经无法适应档案数据的快速增长。为了适应这一趋势，云计算技术被档案部门应用在日常的档案管理工作中。规模大、可靠性高、通用性强等都是云计算的优点，它的应用可以有效地减少档案部门在档案管理上的人力、物力、财力投入。但是，目前我国很多档案部门在技术方面还比较弱，加之缺乏专业的 IT 人才，要想靠自己的力量研发云计算技术，难度是可想而知的。因此，与云计算服务运营商展开合作，共同开发档案管理云计算系统是比较理

---

① 乔颖. 基于 SWOT 分析的大数据时代航空档案工作 [M]// 中国会议论文，2014：426-432.

② 薛匡勇. 重大突发事件中的档案应急管理研究 [J]. 档案学通讯，2013（5）：86-89.

想的方式。但是，这种方式也并不是没有缺陷的。云计算服务运营商虽然能为档案管理云计算系统提供技术安全保障，并且双方明确了权利和责任，但是互联网和任何技术本身都不是完美无缺的，无论是在数据的采集、存储，还是在数据的访问、传输等环节，漏洞都可能存在，而黑客则会利用这些漏洞对档案管理云计算系统展开攻击。此外，用户越权访问、操纵控制、数据泄密等安全问题也会使档案的安全受到挑战。因此，档案部门需要在技术上占有主导性，把可能给档案安全带来威胁的外在因素排除出去。

（四）长期保存

档案数据的存储工作在大数据时代背景下需要面临两个方面的问题：一个是足够的存储空间，另一个是长期存储的安全。

（1）由于档案的载体形式越来越多元化，"One size fit all"模式早已无法适应档案管理的要求，取而代之的是"NoSQL"模式。"NoSQL"模式适用于结构比较复杂且快速增长的数据，但与传统的关系型数据库（SQL）比起来，在保存成熟度和安全方面有着不尽如人意的地方，对档案的长期保存存在着巨大的威胁。

（2）档案的保管期限是按照自身价值的大小进行划分的。通常情况下，能够被保存在档案馆里的档案都是永久保存档案，档案馆要确保这些档案的安全和长期可用。虽然档案馆在保存纸质档案方面有着很多丰富的经验，但是受到外部环境的影响纸质档案上的字迹也会褪色，纸张发生脆化。而档案载体的多样化也使档案的长期保存需要耗费大量的精力和工夫。例如，理论上，光盘档案的保存年限是 20 年，但是实际情况却是大部分光盘在存放几年之后便无法打开。在大数据时代，特别是电子文件、数字档案的长期保存随时都会面临着由于载体、格式、计算机技术的滞后以及保存标准规范不完善等带来的潜在威胁。[1]

（五）信息安全

1. 档案数据丢失

在大数据环境下，档案数据被存放在电脑系统里，一般是不会丢失的。但是当遇到软件漏洞、硬件故障、操作失误等无法控制的情况时，档案数据便会无法使用、读取，损坏或者丢失。越是复杂的系统、数据量越大，数据丢失的概率就越高。

2. 秘密隐私泄露

在电脑系统进行分析的过程中，一些终端端口一定会残留个人信息，如果这些终端端口存在漏洞的话，无疑会被不法分子或黑客利用，导致信息外流。对国家而言，机密档案若是遭到泄露必将造成巨大的经济损失，甚至威胁到国家安全；对个人而言，隐私的泄露除了会造成经济损失之外，还会对人身自由造成不可挽回的后果。

3. 网络侵权和数据的恶意使用

在大数据时代，数据公开的程度比较高，这便会给网络侵权埋下风险。在互联网环境下，网络资源得以共享，很容易产生网络侵权。档案数据有着很高的价值，极易被不法之

---

① 王珠珠，吴凯媛. 新形势下电子文件长期保存问题研究 [J]. 黑龙江档案，2014（1）：46-47.

徒当作谋取利益的工具，他们会恶意使用数据，通过使用计算机系统内的合理数据完成某些恶意任务，对人们的个人利益造成损害。因此，数据拥有者一定要通过技术手段保管好个人的隐私信息。

五、行政管理体系之变

（一）行政职能

党委政府的档案室是档案行政管理部门的发源地，"局馆合一"是我国档案管理工作的一贯行政体制，发展好"业务能力"是档案行政管理部门常抓不懈的工作重点，却忽视了管理国家档案这项重要事务，导致纵向权力上档案局和档案馆分界的不明显，以及两者在横向部门职责上划分不清晰的状况。政企分开以后，企事业单位受到政府的干预也越来越少，档案行政管理部门在管理企事业单位的时候也从过去的微观指导转变为现在的宏观调控。进入大数据时代，企事业单位的档案数量呈现几何级的增长，越来越多的档案服务中介机构发展起来，大部分的档案业务微观服务被它们承接过去，这样过去"档案实物"的工作便从档案管理中分离了出来，档案行政管理部门强化了自身的行政管理职能，对国家机构、社会组织、个人相关档案事务的监督和管理成为档案管理的主要内容。

（二）合作方式

以往，档案行政管理部门的主要管理对象是党和政府部门的档案实物，其中很多档案的保密程度都是很高的，因此通常把档案局和档案馆建在十分隐蔽的地方，避免和其他的部门产生接触与合作，关起门来，禁止无关人员随便进入。随着党和政府的一些档案的解密，以及越来越多企事业单位的档案的共享与开放，在大数据环境下，档案行政管理部门需要树立"数据开放，资源共享"的理念，充分借助社会力量开放档案，实现其应有的价值，而不是像过去那样把档案资源牢牢地攥在自己的手里。无论是对档案数据的收集和保存，还是对档案数据的利用和共享，都离不开互联网、数据技术公司、信息化工作部门的大力支持，档案行政管理部门时时都得与它们打交道，它们也逐渐成为档案行政管理部门越来越重要的合作伙伴。若是没有了网络和技术，就算档案资源再丰富，档案行政管理部门也不能实现档案和社会的共享。

第二节 档案管理存在的问题

一、对档案管理重视程度不够

从总体上看，大部分的企事业单位和民企都能在《中华人民共和国档案法》的指导下，在实践过程中对档案进行科学的分类、及时归档，并向各级各类档案馆及时地移交存档。可以说，这在一定程度上提升了档案管理工作的效率。然而，有些单位的部分档案员至今还没有意识到档案管理工作的重要性，抱着得过且过的心理，应付了事，把档案管理工作看成不得不完成上级任务的门面工作。基于这种错误的认识，一些档案员在工作中"漫不经心"，随意放置档案，毫无科学性可言，一些重要的档案也没有做到及时归档，甚至出现档案遗失的情况，这些做法严重地影响了档案管理工作的质量。

二、没有健全的档案管理制度

随着行政事务和业务培训工作的逐年增加，目前的档案管理制度已经无法适应档案管理工作的新要求。目前的档案管理制度有两个方面的问题：一方面，档案员没有及时地将新的行政事务和培训工作产生的档案资料加以整理，并将其科学地归档，有的档案部门甚至没有做出明确的归档时间和整理要求，这就导致大量新产生的档案资料无法归档，不利于档案管理的建设，对单位和公司来说也是一笔不小的损失。另一方面，很多档案资料还是以纸质档案形式为主。在大数据时代，档案的形式发生了很大的变化，一些电子形式的档案的出现不仅丰富了档案的内容，也为档案的安全长久保管提供了新的思路。广大档案员要积极主动地学习新的档案管理技术，以适应新时期档案管理的要求。

三、档案管理信息化滞后

在大数据背景下，信息技术早已融入社会生活的各个领域。企事业单位、政府机关将现代信息技术应用在档案管理工作中，既能提高档案管理的质量，又能提高档案管理服务的质量，可谓一举两得。但是，就目前的档案管理工作而言，在信息化建设的道路上仍面临着两个问题：一个问题是由于资金、技术、设备等条件的限制，现代信息技术无法应用到档案管理工作之中，影响了档案管理工作信息化改革的进程；另一个问题是虽然大部分的档案员掌握了基本的电脑应用技术，但他们的软件技术、数字技术、网络维修技术并不是很强，甚至可以说是缺失的。即便是档案管理信息化改造已经完成，能够熟练运用信息化技术对大部分的档案员来说也是一个不小的挑战。

四、没有足够的资金投入

档案管理要做到标准化、规范化建设，资金的有效投入是必要的保证。目前，很多的企事业单位在开展档案管理工作的时候，受制于预算资金，连一个像样的档案室都没有，经常把一堆又一堆的档案堆放在办公室里各个角落，更别提"三室""八防"了。

第三章 大数据时代档案管理的总体设计

第一节 完善档案管理的制度安排

大数据时代档案在建构档案资源体系中具有不可替代的价值，因此，有必要对之加强监管和保护。但是，在对大数据时代档案产权的分析中，可以清楚地认识到大数据时代档案产权的私有性与公有性，以及在多种所有制经济成分共同发展的多元格局中，表现为多元化和复杂性。因此，对于非大数据时代档案信息资源的管理，如果完全套用管理具有公共产品性质大数据时代档案的管理方法和工作机制，肯定是不适宜的，因此，必须进行制度的创新，才能使大数据时代档案工作适应时代发展需要。

一、制度创新的概念

一种制度通常被定义为一套行为规则，它们被用于支配特定的行为模式与相互关系。一个组织则一般被看作一个决策单位、一个家庭、一个企业、一个局——由它来实施对资源的控制，即由这个组织进行制度创新。

制度是决定大数据时代档案工作绩效的基本因素，制度创新路径选择的主要目的，就是要最大限度地直接或间接地促进大数据时代档案工作的开展。在大数据时代，档案工作只有不断适应变化着的世界的需要才能实现发展，而大数据时代档案工作只有通过制度创新才能适应和促进大数据时代档案工作的开展。

大数据时代档案管理问题，就是为了适应社会的发展所进行的大数据时代档案工作的制度创新，制度创新的主体是参与大数据时代档案管理的组织及个人。假定这一特定的组织是社会中的各主体，包括国家、组织、个人①，那么制度创新，就是指各主体所采取的各种管理行为的变化，这种变化与其环境之间发生的相互关系的变化、相互协调的变化；在一种组织环境中支配主体行为与之发生相互关系的各种规则也发生了一系列的变化。这就是大数据时代档案管理制度创新或制度发展。制度创新是大数据时代档案工作保持活力的重要源泉。

---

① 王树云.浅谈档案管理的发展趋势——档案管理的信息化 [J]. 价值工程，2015(1)：174.

二、制度创新的安排及选择

与大数据时代档案信息资源管理相关的国家大数据时代档案制度创新主要表现为一系列法律规章及政策等，其基本内容就是承认并尊重、保护大数据时代档案所有者的权益，并为实施有重要价值的大数据时代档案信息资源的管理、监控与保护提供一个积极的机制和服务体系，从而建构国家大数据时代档案信息资源管理体系，并在整个体系建构中发挥政府的主导作用。

《档案法》规定，国家大数据时代档案行政管理部门主管全国的大数据时代档案事业，对全国的大数据时代档案事业实行统筹规划和组织协调，建立统一制度，实行监督和指导。这即是说，法律上授权国家大数据时代档案行政管理部门代理国家行使全国大数据时代档案事业管理的权力，因而，国家大数据时代档案行政管理部门是实施大数据时代档案信息资源管理制度创新的核心。国家大数据时代档案行政管理部门实施制度创新具有一定的优势，国家已经具备了现成的组织制度和管理框架，因此利用原有的优势在此基础上加以改革和扩展就减少了制度创新所需要的建立新组织的成本。同时，如果政府特定的创新为人们所认可，或者全国各地创新的制度为国家政府所认可，那么推广这一新制度的政治成本就会大大降低。

制度安排就是支持经济单位之间可能合作与竞争的方式的一种安排，无论以什么形式出现，它都必须具有一些基本的功能，如"提供一种结构使其成员的合作获得一些在结构之外不可获得的追求收入，或提供一种能够影响法律或产权变迁的机制，以改变个人（或团体）可以合法竞争的方式"。

与大数据时代档案信息资源管理相关的制度安排就是政府可以根据产权的特性，从维护公共利益和保护大数据时代档案所有者利益出发，提供一种制度安排或一种结构，制定各种政策，如建立一个开放的大数据时代档案管理系统，加强与大数据时代档案形成者、社会服务组织的交流、沟通与合作，或实施税收减免和各项其他优惠措施，促使大数据时代档案所有权人与国家合作，鼓励将有价值的大数据时代档案寄存、捐赠、出卖给国家等系列制度安排。

制度创新需要建立一个与社会密切联系的、开放的系统。在这个系统中，除了国家的制度创新以外，还需要个人的创新、社会组织的创新。

大数据时代档案信息资源管理个人的制度创新实际是指非国有组织或个人大数据时代档案管理的规则和理念的创新，通过个人的创新，树立大数据时代档案信息资源是组织或个人生存与发展重要资源的理念，以及组织、个人的发展与国家、社会发展相互依存的理念，从而发挥非国有组织或个人的积极性，增强自主管理意识，以及规划和制定一个符合现代意义的大数据时代档案信息资源管理制度和规范，积极与国家合作将宝贵的大数据时代档案信息资源融入国家的大数据时代档案信息资源管理的框架内，融入国家民族的整体记忆中。

此外，制度创新的推动离不开社会组织、社会团体建立的社会服务体系的推动。社会组织、社会团体制度安排是为大数据时代档案信息资源提供以营利为目的和不以营利为目的管理与服务，这是构建大数据时代档案信息资源管理服务体系不可缺少的一环。

第二节　参与档案管理系统的设计

一、系统设计的目标

系统设计分为概要设计和详细设计两个阶段。概要设计阶段的工作，主要是把系统说明书进一步分解成许多基本的、具体的任务,如系统结构、功能模块结构、数据结构设计等。

详细设计阶段主要工作有制定详细设计规范、对模块内部算法进行详细设计、数据结构详细设计等。

系统设计主要包括以下内容：

（1）系统界面设计；

（2）系统总体结构及物理设备配置；

（3）系统模块结构设计；

（4）数据结构设计；

（5）系统的安全保密措施设计；

（6）模块详细设计；

（7）通信网络设计；

（8）编写系统设计说明书。

档案管理系统设计的优劣，应该从系统设计的目标来加以衡量。因此，明确档案管理系统的设计目标，是十分重要的事情。

这可以从系统所提供数据的精度是多少，系统提供的文本、表格形式是否易读易懂，用户使用是否方便，对操作人员的要求有多高等方面来进行衡量与测算。

可靠性高的或可靠性强的系统，往往运行效率要降低，而高运行效率的系统往往可变更性较差。但是，对于系统设计者来说，系统的可变更性是第一位的，其理由是系统维护的费用占整个费用的 50%。如果一个系统比较容易修改，那么，在整个运行维护期间就能大大节省人力、物力，并能更好地为管理工作提供信息。

二、设计任务

档案管理系统设计的任务就是将系统说明报告所规定的内容逐步具体化，使之成为能交付使用的系统。

在系统设计阶段，系统设计人员根据系统分析人员的系统规格说明书所提出的逻辑模型，考虑到本部门的实际技术水平、经济情况及操作条件，由逻辑模型设计出物理模型。所以，系统设计是一个"从抽象到具体"的过程，是解决"怎么干"的问题。

（一）档案管理系统的界面设计

档案管理系统界面是档案管理系统运行时，操作者与系统之间进行联系、交流、协调、管理以及实现档案管理系统各项功能及信息处理的操作途径，即实现人机对话的接口。

1.档案管理界面的构成

档案管理由四部分构成：一是面向操作者的信息输出途径；二是接收操作信息的途径；三是界面自身的信息处理；四是面向系统的功能调用及信息处理接口。

面向操作者的信息输出途径包括显示屏幕、扬声器、打印机等，可分别以文字、图形、声音等形式向操作者提供系统启动、运转过程、处理结果等信息。

接收操作信息的途径包括键盘、鼠标器、触摸屏、话筒等，可接收操作者以文字、语音、功能点选形式的操作要求。

界面自身的信息处理包括信息识别、机内码转换、误操作过程、容错处理等。

面向系统的功能调用及信息处理接口包括操作与功能的映射、功能启动、功能处理过程跟踪、处理结果反馈等。

以各种信息形式传递给界面；界面对采集的操作信息进行相应的识别和处理；启动系统内部的相关处理功能，实施操作意图；中间结果的反馈与交流，调整操作意图；结果的编辑、输出等。

2.档案管理系统界面的类型

档案管理系统界面有不同的类型，而且随着技术的发展不断发生变化，常见的界面类型有以下几种：

（1）命令响应式界面。命令响应式界面即操作者与计算机之间直接用档案管理系统提供的可执行命令进行对话的界面，这是一种较早实现的档案管理系统的界面。这一界面的工作过程是由操作者向计算机输入规定好的命令，然后由计算机执行该命令且显示结果，随后计算机处于等待状态，如此周而复始直至获得满意的结果或终止运行。

（2）菜单式界面。菜单式界面是指由系统将处理功能主动排列显示出来，提供给操作者选择的界面方式。其工作过程是系统按不同的类别和层次，将功能分层在屏幕上罗列出菜单，由操作者按自己的要求选择，从而一层层地进入系统的内部，直至获得满意的结果。

（3）导航器界面。这是指系统以图形按钮方式提供基本功能提示，在操作者选择了某个按钮后，系统进一步提供该按钮的具体功能提示，由操作者进一步选取具体操作的一类界面。其典型的工作过程是系统将主要功能按钮显示在屏幕的某一部位，操作者按需要点选相应的按钮，此时系统在屏幕另一区域的窗口中显示出该按钮的详细功能，操作者再进一步点选，直至完成处理获得结果。

（4）浏览器界面。这是指系统以数据集及其结构为基本对象，使用者则以面向数据进行操作为主要工作方式的一类界面[①]。浏览器界面的设计思想与前面几种围绕功能的界面有较大的区别。其工作过程是系统启动时先将所具有的数据集及其结构排列于屏幕的某一部位，然后由操作者根据需要选择所需的数据集（或数据库），并一层层进入数据集内部，直至获得所需的数据。如 Windows 98 资源管理器界面就属于浏览器界面。

（5）多媒体界面。这是指在人机交流时以文字、图形、图像、声音等多种信息形态作为媒介的一类界面。其较常见的方式有两种：一种是单向多媒体方式，即仅限于系统通过界面输出时具有多媒体功能，操作者只是通过键盘或触摸屏操作系统获得多媒体信息；另一种是双向多媒体方式，系统通过多媒体信息采集界面对操作者的语音、图形或符号等多种操作信息进行采集或模式识别，然后系统完成处理任务后也可以将结果按多媒体方式输出给操作者。

3. 档案管理系统界面设计的要求

（1）界面应该与软件系统的功能和数据结构建立起有机的联系，使界面成为功能的自然延伸。

（2）界面应该满足人机对话的要求，做到显示清晰、操作简便、处理快捷，使界面成为操作者得心应手的工具。

（3）界面应该保证信息安全，操作可靠。

（4）显示界面的设计应该符合美学要求和人的感觉器官生理要求，做到美观实用、醒目、悦目而又不至于引起疲劳。

（5）操作界面的设计应有抗误操作和容错的能力。

（二）档案管理系统总体结构及物理配置设计

1. 档案管理系统总体结构

根据不同的业务处理类型和管理目标，可以把档案管理系统分成不同的类型。一般说来，档案管理系统可以分成两大类型。一是针对机关单位的档案机构，即面向档案室的档案管理。这一类并不是完全意义上的档案管理系统，它一般是该机关单位办公自动化系统的组成部分，或称为文档一体化管理系统。二是针对档案馆的档案管理系统。这一类的档案管理系统，既有单项功能的，如自动标引系统、档案检索系统，又有综合管理功能的，如通用档案管理系统、多媒体档案管理系统等。由于档案管理系统的类型繁多，其总体结构也有所不同，而且随着档案管理业务的增加，系统也会增加更多的功能模块。

2. 档案管理系统的物理配置设计

档案管理系统的物理配置设计，需要根据系统的类型与系统的运行环境来决定。不同类型的档案管理系统，其硬件设备配置和软件结构、软件配置会有所差异，但总体说来，

---

① 高俪瑕. 浅谈档案管理的发展趋势——档案管理的信息化 [J]. 科技创新导报，2016（8）：55-57.

档案管理系统造就的现代化管理环境，需要有许多软硬件设备的支持。

（三）档案管理系统模块结构设计

以数据流程图为基础得到的模块结构，通常采用结构化设计方法。这是一种由自顶向下的软件系统设计思想发展而来的。结构化设计方法的步骤是：研究、分析以及审查数据流程图；根据数据流程图决定问题的类型，通常分为变换型和事务型两大类，针对两种不同的类型分别做不同的处理；由数据流程图导出初始结构图；改进初始结构图和接口描述。

（四）数据结构设计

数据结构设计包括三种：输入、输出数据结构设计，文件或数据库设计和代码设计。

1. 输入、输出数据结构设计

数据的输入可以分为收集、整理和录入三部分。首先，根据系统的需要按适当方式收集数据；其次，这些原始数据经过整理，转化成为系统要求的格式；最后，由系统的录入人员将其录入计算机。

在进入输入设计时，系统设计人员应与用户密切配合。在保证数据输入的及时性、准确性和完整性的前提下，尽可能地简化输入的手续。

输入数据应考虑出错校验，常用的数据校验方法有重复校验、人工校验、数字校验、格式校验、逻辑校验、顺序校验、界限校验、平衡校验等，这些方法可单独使用，也可组合使用。输出设计是把计算机处理的结果设计成用户所需要的报表或图形等格式。数据的输出方式有多种，一般根据用途来选用设备，常用的输出设备有打印机、显示屏幕、绘图仪、语音输出设备等。

2. 文件或数据库设计

数据存储设计除要确定系统的存储设备（如磁盘、磁带、光盘等），还要确定数据存储的结构和存储的方式等组织形式。存储数据的组织，可以采用数据库方法，也可采用文件系统。

一般来说，若系统规模较小、较简单，各系统数据相互共享程度不高，可采用文件系统。但是各子系统数据共享要求较高时，若采用文件系统就会造成大量的数据冗余，这时就需要采用数据库系统。目前数据库系统比较常用的有 FoxPro 数据库、Access 数据库、SqlAnywhere 数据库、Oracle 数据库、Sybase 数据库等。

3. 代码设计

代码设计是一项十分重要的工作。合理的代码设计会提高系统的处理效率，有利于数据的分类、检索、汇总等处理活动，并且具有使数据长度统一、占用空间少、便于信息的传输和共享等优点。

代码设计的原则如下：

第一，唯一性。必须保证每个实体只有一个代码表示；相反，一个代码也只代表一个实体。

第二，可扩展性。系统的发展变化应留有余地，使系统增加新实体时，不致引起整个代码系统的更改。

第三，简明性。尽量使用容易理解和记忆的代码，以便提高处理效率，减少输入和操作过程中的错误。

第四，统一性。同类实体的代码，应尽可能统一格式和长度。

第五，稳定性。代码系统要有一定的稳定性，能够适应环境的变化，以便在较长时间内使用。

（五）系统的安全保密措施设计

档案管理系统内的档案信息大部分都带有一定的机密性，因而有必要采取相应的措施，以防止档案信息被窃而给机关、单位乃至党和政府带来不可估量的损失。因此，加强档案管理系统的安全保密措施是十分必要的。

1. 影响档案管理系统安全的主要因素

（1）自然因素。主要指自然灾害，如地震、火灾、水灾、雷电等。

（2）技术因素。主要有硬件、软件因素。硬件因素主要是指计算机主机系统、磁带机、工作站、终端以及通信网络等故障，各种外围设备如空调、电源、不间断电源等故障。软件因素主要指操作系统、数据库管理系统以及软件等的可靠性，以及因操作失误造成破坏后的恢复能力。

（3）行政和人员因素。行政因素主要指因行政管理制度不严而造成犯罪分子破坏主机系统设备，非法联网或用监听器窃听核心机密，盗窃口令、密钥等非法窃取核心机密等。人员因素主要指因人员的素质及责任心不强而引起的事故。

（4）网络因素。网络安全问题是随网络而产生的具有普遍性的负面影响问题，而影响网络内计算机系统安全的最主要因素就是网络"黑客"的不法活动，以及网络中病毒的传播、感染。

2. 档案管理系统的安全保密措施

档案管理系统的安全保密是由管理和安全保密技术两方面组成的。安全技术主要是指在档案管理系统中的硬件和软件中加入各种保密措施，而管理制度则着重于行政管理和人员因素。档案管理系统的安全措施主要有以下几方面：

（1）加强行政管理制度。制定既严密又切实可行的行政管理规章制度是防止盗窃分子混入档案部门的重要保证。如加强门卫制度、值班制度，加强机房和办公现场的保安措施等。

（2）加强电磁屏蔽和防电磁干扰措施。对计算机及外围设备、终端和数据传送线路加装屏蔽设施，以减少电磁波辐射，防止盗窃分子窃取数据或干扰破坏。

（3）加强对核心软件的保护措施。采用专人保管核心软件和软件加密等措施，防止核心软件被盗窃、拷贝。

（4）信息的保密。对系统中的数据应进行密级分类，以确保数据的安全使用。其密级可以分为共享、限定访问和专用三级。

（5）信息使用方式的控制。对于采用网络技术的档案管理系统，必须采用存储控制、传输和存储加密、数字签名和公证等完整措施。建立完善的密钥产生、管理和分配制度。对通信线路，要进行定期检测，以及时发现被窃。对传输的信息应及时加密，以防止非法联网或盗窃分子在通信线路上窃取正在传输的数据。

（6）登记核对。用户若想要进入系统工作，首先要打入组名、用户名和登录口令，系统核对后，用户才能进入系统并具有适当的访问权力。

第三节 提高档案的风险管理水平

一、风险管理的引入

在档案领域，维护档案实体与信息内容的安全是档案工作的主要任务之一。特别是随着信息公开和信息化的发展，电子文件本身的脆弱性以及所处环境的复杂性，让风险问题在新时期尤为引人关注。在档案领域引入风险管理，对于维护传统档案和电子文件的完整安全具有重要意义。

风险管理是一种"前摄性"的管理方法，通过对风险诱发因素、脆弱性的因果关联分析，在错综复杂的关系网络中发现潜在的威胁，并且主动采取措施进行防范，从而有效避免档案安全事故的发生，提升档案安全管理水平。

二、风险管理体系的含义

在档案领域实施风险管理，有必要建立起适合档案实际情况的风险管理体系。总体而言，档案风险管理体系是由各级档案行政管理部门、业务部门及相关组织机构共同参与，对档案风险管理的目标、内容、组织结构、运行机制等进行设计、建立和维护，以保证档案完整安全，便于社会各方面利用的管理过程。

档案风险管理体系主要解决两方面问题。一是如何实施风险管理。其核心内容主要有目标制定、风险识别、风险评估、风险控制等几个相互关联的要素。二是如何保证风险管理顺利实施。结合档案系统的情况，构建风险管理实施保障体系，让风险管理真正运用到档案业务活动中。

档案风险管理的总目标是"维护档案完整安全，便于社会各方面利用"。这里的"档案"是广义上的档案，既包括传统狭义的档案和文件，也包括电子文件。

三、风险管理的实施模式

为保证风险管理顺利开展，档案部门应自上而下地构建行之有效的实施模式。

（一）档案行政部门：风险管理的"推动者"和"管理者"

国家档案局统筹全国，制定档案风险管理发展战略，确定实施办法和标准，下发风险管理技术方法手册，对实施情况的有效监督、检查与指导，并从国家层面识别和分析对国家档案资源建设构成威胁的各种风险，及时处理重大风险、关键风险。例如，国家档案局组织召开了档案信息安全风险评估指标体系研讨会，对档案各个方面存在的风险以及风险评估指标体系建设进行了深入探讨，这对于推动风险管理具有重要的指导意义。

地方各级档案行政机关按照国家档案局的要求，推动档案安全风险管理落实，对档案人员进行培训，组织专门人员定期和不定期对所管辖业务部门的风险管理情况开展指导检查，设定安全风险管理标准，要求业务部门依据标准对日常风险管理活动进行记录和上报。又将风险管理工作纳入达标考核和档案移交范畴，确保其落到实处。除此之外，把握本地区抵御风险的底数，摸清档案安全第一手资料。例如，天津市档案局，制订切实可行的实施方案和评估标准，建立专门小组，对全市各综合档案馆、部门档案馆、企业档案馆等共计 28 个单位进行档案安全风险评估，取得了良好效果。

（二）档案业务部门：风险管理的具体"执行者"

在风险管理具体执行中，业务部门构建起详细的风险运行机制并将其落实是关键。档案馆一般有专门的档案安全保护部门，而档案室等组织内部档案机构，其本身就有档案安全职责，因此在组织内部，它就是档案安全部门。

档案安全工作人员分工对本单位档案管理的各环节进行摸底，初步了解档案安全现状。再由档案馆主管领导 / 机关、企事业单位分管领导出面，定期召集本单位相关部门主管和人员召开风险管理会议，对本单位档案安全工作进行全面系统的反思和描述，并从单位整体利益出发，识别和评价风险[①]。对需要跨部门处理的风险，由领导牵头实现部门间的协调合作，对于局部风险，则进行任务分工，相关环节负责人能完成的，由其完成，不能单独完成的，由档案安全部门协助完成。而各方风险应对方案和控制情况平时移交档案安全负责人，以便其全面把握档案的安全情况，一段时间以后，再召开风险管理会议，对全单位档案安全再次分析评估，确定风险，并进行解决。

在日常风险管理中，档案安全部门对其他部门的实施内容、偏离状况进行业务指导和修正。建立和更新数据库，对风险管理情况进行记录，以助于今后类似风险的控制。

档案安全负责人作为风险管理的首席管理者，要争取领导及其他部门的支持，协调跨部门风险处理。一方面，在领导授权下成立风险管理专门小组，对本单位档案管理活动进行跟踪、监控、评估、报告和提出改进建议；另一方面，对本部门工作人员的实施情况进

---

① 杨剑，梁娟.刍议高校档案信息化建设中的问题与对策[J].科技档案，2015（4）：33-35.

行监督检查，特别是在风险易发而控制较难的环节，建立安全负责人和工作人员双重审查机制，防止实施不到位、流于形式。

随着档案工作的开展，档案面临的风险也越来越多、越来越复杂。档案工作者应着眼长远，有计划地构建风险管理体系，保证国家和人民宝贵的档案资源完整安全地保存下去。

第四节 提升管理人员自身的素养

建立了全面的档案管理体系后，行政主管还要实施一系列保障措施与管理措施，确保档案管理的规范化。

一、宣传档案管理制度，强化责任意识

行政主管要加强宣传力度，提高企业各级管理者和员工对档案管理制度的认识。利用多种渠道向企业管理者和员工宣传有关档案管理的知识，要让他们充分认识到档案的重要作用，强化其责任意识。

（一）多渠道进行宣传

档案是企业制定决策时的参谋，是企业文化的活标本，还涉及重要商业机密，如果没有科学的管理制度进行规范，或者是档案管理人员没有强烈的责任意识，就可能给企业带来损失。因此，行政主管要通过多渠道进行档案管理制度的宣传。

行政主管可通过在公司专栏和网站上开设"档案管理制度专栏"，公开档案管理制度，及时通报档案管理相关制度的规定、重要公告和工作动态等。还可以在员工培训中加强对档案管理制度的宣传和讲解，让员工充分认识到档案管理的重要性和规范性。

（二）强化责任意识

行政部门是档案管理的职能部门，但是档案的收集和使用涉及各个部门，企业的每个员工都应该具有强烈的责任意识，在使用档案的时候注意做好保密工作，并保证档案的完整、安全。

阅览档案时，一般要求是工作时间在阅览室或者档案室进行，阅览者要根据规定进行登记，不得将档案资料带出规定的场所。相关人员如需借阅档案，则需要得到相关部门负责人的审批，并履行签收手续，按时归还。借阅期一般不可以超过七天，如因工作需要不能如期归还应办理续借手续。

所借档案不得随意折叠和拆散，严禁对档案进行更改或涂写。对借阅档案时造成的档案丢失、损坏或泄密，行政部门要追究当事者的责任。档案的使用者不得随意复印档案，如因工作需要必须复印档案文件资料则需提出申请，经行政主管批准后，由行政部门档案管理人员进行复印然后交给使用者。

二、指导行政人员准确记录相关信息

行政主管应指导行政人员严格履行档案管理的审批和登记制度，准确记录相关信息，做到有据可查。

（一）定位责任人，做到专人记录

完成了相关信息记录表单的设计和编制后，行政主管要安排专人负责相关信息的记录。相关部门需要使用档案时，应有专门的档案管理人员负责档案使用信息的记录，填写清楚档案名称、内容和使用方式，档案归还后，要及时进行核对并记录。

行政主管应安排专人负责档案作废和销毁工作的信息记录，做到权责分明。对已过保存期限的档案资料，以行政人员负责、其他部门人员协助的方法进行档案价值鉴定，对于已失去保存价值的档案，提出销毁处理申请，专人负责填写"作废档案销毁登记簿"，清楚记录文件的详细信息。

（二）适时督导，保证信息记录的准确性

行政主管通过对档案管理信息记录情况进行检查可以随时掌握档案管理工作的情况。行政主管要监督行政人员严格按照表格的要求进行填写，不得有空缺和遗漏，对于不符合要求的要限期进行整改[①]。对因信息记录出现差错贻误工作的情况，应根据情节对当事人进行批评、教育或处罚。

会计档案管理人员是各单位按要求配备的专职或兼职会计档案管理人员，对维护会计档案的安全与完整，管理好、利用好会计档案负有直接责任，其具体应做好以下几方面的工作：

（1）按照国家和上级有关部门关于会计档案管理的规定与要求，对本单位的会计凭证、会计账簿、会计报表和其他会计资料，定期收集、审查核对、装订成册、包装整理、登记清理、登记立卷，并采取专室、专柜妥善保管。

（2）经常清扫整理档案室，保持室内清洁卫生，经常检查档案室门窗牢固程度，档案室要能防盗、防火、防虫、防霉，以确保会计档案保存安全完好，并能及时发现事故隐患。

（3）档案室钥匙只能由档案员一人管理，任何人出入档案室都必须经过档案管理人员。借出、借阅、复印会计档案，应严格办理有关手续，本单位人员借阅会计档案，经会计主管人员同意；外单位人员借阅会计档案，要有正式介绍信，经会计主管和单位领导批准。借阅人员一般不得把会计档案携带外出或复印，特殊情况需借出或复印者，必须经本单位会计主管人员和领导书面批准。

（4）所有的借阅、借出、复印会计档案资料，会计档案管理人员都要详细登记"会计档案借阅、借出登记表""会计档案复印登记表"，并且有关经办人员要签名，做到会计档案既能充分利用，又能防止丢失、损坏和泄密。

① 刘蓓，刘江霞.浅谈档案管理的发展趋势——档案管理的信息化[J].价值工程，2017（4）：18-20.

（5）对保管期满的会计档案，会计档案管理人员要会同有关人员对到期的档案进行清理，填写会计档案销毁清册审批表，经有关领导和部门批准后，按规定进行销毁。

（6）合并撤销单位的会计档案，会计管理人员应会同有关人员进行清理，填写移交清册，并由交接双方有关人员签名盖章，认真按有关规定办好移交手续。

第四章　大数据与数据挖掘的基本理论

第一节　基于大数据时代的数据挖掘技术

随着计算机互联网技术的发展，信息数据在生活中发挥了越来越重要的作用，可以说大数据时代已经到来。因此人们需要高效自动化的数据分析技术对大量冗杂、无规律的信息进行分类管理，数据挖掘技术由此应运而生。为了更好地利用大数据系统，本节对大数据系统中的数据挖掘技术进行了分析，并列举了数据挖掘技术在实际生活领域的广泛应用。

一、大数据与数据挖掘的相关概述

大数据的概念最早是麦肯锡研究院在 2011 年提出的，其在《大数据：创新、竞争和生产力的下一个新领域》中提道，数据已经融入人们的日常生活中。通过对大数据的研究和分析，能够使人们的消费以及生产水平都有一个跨越式的提升。截至 2018 年，全球数据量增加了 4.8 ZB，换句话说，世界上的每个人都具有至少 500 GB 的数据量，而且这一数据在未来的几年还会以极快的速度向上增长。

大数据的增长存在以下四个方面的挑战：数据的含量、数据的传输速度、数据分类的多样性以及数据的真实性。大量化是大数据"量"的特点，多样性特点表现在大数据的来源和格式都多种多样，数据传输的速度性表现在数据产生的速度快、处理要求快，能够满足人们日常对数据及时性的要求。最后大数据的真实性指的是真正能够为人们提供服务和帮助的并不是大数据的规模，而是大数据的质量和真实程度，真实性是人们通过大数据制订计划、决策的前提和基础。

数据挖掘技术作为一种新兴科技在 20 世纪 80 年代被提出，数据挖掘技术最初是被科学工作者应用在人工智能技术的开发和利用当中的。简单来说，数据挖掘就是对大量数据进行发掘和创新，即在大量冗杂、随机的数据中挖掘出有用的目标数据，创造出挖掘价值和挖掘潜力。

随着时代的发展以及网络技术的飞速发展，现阶段全球数据飞速扩张，2011 年全球数据就超过了 1.8 万亿 GB，预计几年过后这个数值会达到 90 万亿 GB，短短 10 年时间增长了 50 倍左右，毫无疑问我们已经迈入了大数据时代。数据挖掘技术正在发展成为一种通过计算机技术对企业运营生产产生重大影响的管理策略，尤其是在信息化发展和数据应用较多的领域，数据挖掘技术的应用意义更为重大。

二、大数据时代数据挖掘的技术方法

根据不同的目标和需要，找出最为合适的分析方法。总体来说，现阶段常用的数据挖掘技术方法有以下几种。

（一）聚类分析

聚类分析是一种无预期、无监督的分析过程，它通过对某些事物进行集合和分组，将类似的事物组成新的集合，并找到其中有价值的部分。聚类分析的基础是"物以类聚"，根据事物的特征将其划分为不同的类别。

现阶段数据挖掘领域中较常用的聚类算法包括 CURE 算法、BIRCH 算法以及 STING 算法。

CURE 算法：CURE 将每个数据点定义为一簇，通过某一收缩条件对数据点进行收缩，这样相距最近的代表点的簇就会相互合并，这样一个簇就可以通过多个代表点进行表示，进而使 CURE 能够适应非球形形状。

BIRCH 算法：该算法是一个综合的层次聚类分析方法，对于具有 N 个数据点的簇 $\{X\}$（i=1，2，3，4，5…，N）其聚类特征向量可以表示为（N，$\bar{LS}$，SS），$\bar{S}$ 其中 N 代表簇中含有点的数量，向量 LS 是这 N 个点的线性和，SS 是各个数据点的平方和。另外，如果两个类的聚类特征分别为（N_1，$\bar{LS}_1$，SS_1）和（N_2，$\bar{LS}_2$，SS_2），那么这两个类经过合并后的聚类特征可以表示为（N_1+N_2，$\bar{LS}_1 + \bar{LS}_2$，SS_1+SS_2）。BIRCH 算法通过聚类以上特征可以科学地对中心、半径、直径以及类间距离进行运算。

STING 算法：STING 算法将整体空间划分为若干个矩形单元，根据分辨率的不同，将这些矩形单元分为不同的层次结构。几个低层的单元组成了高一层的单元，因此高一层的统计参数可以通过对低层单元计算得出。这些统计参数包括最大值、最小值、平均数、标准差等。STING 算法的特点是其计算与统计查询是相互独立的，因此其运算效率较高且易于进行并行处理以及增量更新。

（二）分类预测

分类和预测是两个不同的重要步骤，其中分类是对各个类别中标号的估计，这些标号是分散并且没有规律的。预测则是通过连续的函数值建立的函数模型。分类是进行数据挖掘的起始步骤，它是对可预测的数据按照相应的描述或者特征构建有关的不同区域；分类的方法有很多种，其中较为常见的包括神经网络以及决策树等。预测主要是对数据未来的动态方向进行估计，现阶段较为常见的预测方法包括回归分析法和局势外推法等。

（三）关联分析

人们在日常生产生活中不难发现，各个不同的事物之间是具有盘根错节的关联的，像一件事件的发生随后会引起一系列相关事件的发生，一个意外的出现也会引发更多不同的意外。关联分析法就是通过对一系列事件发生的概率及时地进行分析，找到它们之间的规律，利用发现的规律对未来可能发生的事件进行预估和决策。像著名的沃尔玛啤酒和纸尿布案例的分析：沃尔玛营销人员发现商场内部啤酒的销量和纸尿裤的销量总是成正比，通过运用关联分析方法得出结论，婴儿的父亲在购买纸尿裤的时候总是习惯性地顺手买两罐啤酒，根据这一分析结果，沃尔玛将纸尿裤货架与啤酒货架摆放在了一起，从而大大促进了两种产品的销量。

三、大数据时代数据挖掘技术的应用

（一）金融领域

金融行业需要对数据进行大量的收集和处理，通过对大量数据进行分析可以建立某些模型并发现相应的规律，从而会发现一些客户或者商业机构的习惯和兴趣，赢得客户的信任。另外金融机构通过数据挖掘技术可以更加迅速有效地观察出金融市场的变化趋势，在第一时间赢得机会。数据挖掘技术在金融领域的应用主要包括账户分类、数据清理、金融市场预测分析以及客户信用评估等。

（二）医疗领域

医疗领域也有大量的数据需要处理，与其他行业不同的是，医疗领域的数据信息由不同的数据管理系统进行管理，且保存的格式也不尽相同。在医疗领域，数据挖掘最重要的任务是对大量的数据进行清理以及对医疗保健所需费用进行预测。

（三）市场营销领域

大数据的数据挖掘技术在市场营销领域的应用，主要体现在对消费者的消费习惯以及消费群体消费行为的分析上，根据分析得出的结果在生产和销售上进行调整，提升产品的销售量。另外通过数据挖掘技术能够对客户群体进行分类识别，从无规则、无序的客户群体中筛选出有潜力和有高忠诚度的客户，帮助企业寻找到优质客户进而对其进行重点维护。

（四）教育领域

在教育领域，数据挖掘系统也发挥着不可或缺的作用，通过数据挖掘技术的应用，可以更好地分析出学生的学习程度和学习特点，教师可以根据分析数据及时地对教学进度和教学内容进行调整。另外可以利用数据挖掘系统对学生的学习成绩进行分析，充分了解学生学习中的弱点，并对学习资源进行合理优化配置，从整体上提升教学质量。

（五）科学研究领域

在信息量极为庞大的生物技术领域以及天文气象等领域，数据挖掘技术更体现了其强大、智能化的数据分析功能。

总的来说，在大数据时代，数据挖掘技术作为一种新兴技术具有较大的研究价值与发展空间，因此我们应该在各个领域对该技术进行研究与探索，借助大数据系统分析提升各个行业的经济效益和社会效益。

第二节　大数据时代的数据挖掘发展

随着改革开放的进一步深化，以及经济全球化的快速发展，我国各行各业都有了质的飞跃，发展方向更加全面。特别是近年来科学技术的发展和普及，更是促进了各领域的不断发展，各学科均出现了科技交融。在这种社会背景下，数据形式和规模不断向着更加快速、精准的方向发展，促使经济社会发生了翻天覆地的变化，同时也意味着大数据时代即将来临。就目前而言，数据已经改变传统的结构模式，在时代的发展推动下积极向着结构化、半结构化，以及非结构化的数据模式转换，改变了以往只是单一地作为简单的工具的现象，逐渐发展成为具有基础性质的资源。本节主要对大数据时代下的数据分析与挖掘进行了分析和讨论，并论述了建设数据分析与挖掘体系的原则，希望可以为从事数据挖掘技术的分析人员提供一定的帮助和理论启示。

进入 21 世纪以来，随着高新科技的迅猛发展和经济全球化发展的趋势，我国国民经济迅速增长，各行业、领域的发展也颇为迅猛，人们生活水平不断提高，在物质生活得到极大满足的前提下，开始追求精神层面以及视觉上的享受，这就涉及数据信息方面的内容。在经济全球化、科技一体化、文化多元化的时代，数据信息的作用和地位是不可小觑的，处理和归类数据信息是信息得以传递的基础条件，是发展各学科科技交融的前提。

然而，数据信息在带给人们生产生活极大便利的同时，还会被诸多社会数据信息所困扰。为了使广大人民群众的日常生活更加便捷，需要客观、正确地使用、处理数据信息，健全和完善数据分析技术与数据挖掘手段，通过各种切实可行的数据分析方法科学合理地分析大数据时代下的数据，做好数据挖掘技术工作。

一、实施数据分析的方法

在经济社会快速发展的背景下，我国在科学信息技术领域取得了长足进步。科技信息的发展在极大程度上促进了各行各业的繁荣发展和长久进步，使其发展更加全面化、科学化、专业化，切实促进了我国经济的迅猛发展，从而形成了一个最佳的良性循环，我国也由此进入了大数据时代。对于大数据时代而言，数据分析环节是必不可少的组成部分，只有科学准确地对信息量极大的数据进行处理、筛选，才能使其更好地服务于社会，服务于广大人民群众。正确处理数据并进行分析是大数据时代数据分析至关重要的环节。众所周知，大数据具有明显的优势，在信息处理的过程中，需要对大容量数据、分析速率，以及多格式的数据这三大问题进行详细的分析和掌握。

（一）Hadoop HDFS

HDFS，即分布式文件系统，主要由客户端模块、元数据管理模块、数据存储服务模块等模块组成，其优势是储存容量较大的文件，通常情况下被用于商业化硬件的群体中。相比于低端的硬件群体，商业化的硬件群体发生问题的概率较低，在储存大容量数据方面备受欢迎和推崇。Hadoop，即分布式计算，是一个用于运行应用程序在大型集群的廉价硬件设备上的框架，为应用程序的透明化提供了一组具有稳定性以及可靠性的接口和数据运动，可以不用在价格较高、可信度较高的硬件上应用。一般情况下，面对出现问题概率较高的群体，分布式文件系统是处理问题的首选，它采用继续运用的手法进行处理，而且不会使用户产生明显的运用间断问题，这是分布式计算的优势所在，还在一定程度上减少了机器设备的维修和维护费用，特别是对机器设备量庞大的用户来说，不仅降低了运行成本，还有效提高了经济效益。

（二）Hadoop 的优点与不足

随着移动通信系统发展速度的不断加快，信息安全是人们关注的重点问题。因此，为了切实有效地解决信息数据的安全问题，就需要对大量的数据进行数据分析，不断优化数据信息，使数据信息更加准确、安全。在进行数据信息处理的过程中，Hadoop 是最常用的解决问题的软件构架之一，它可以对众多数据实行分布型模式解决，在处理的过程中，主要依据一条具有可信性、有效性、可伸缩性的途径进行数据信息处理，这是 Hadoop 特有的优势。Hadoop 同其他数据信息处理软件一样，也具有一定的缺点和不足。主要表现在以下几个方面。

首先，就现阶段而言，在企业内部和外部的信息维护以及保护效用方面还存在一定的不足和匮乏，在处理这种数据信息的过程中，需要相关工作人员以手动的方式设置数据，这是 Hadoop 所具有的明显缺陷。因为在数据设置的过程中，相关数据信息的准确性完全是依靠工作人员而实现的，而这种方式在无形中会浪费大量的时间，并且在设置的过程中出现失误的概率也很大增加。一旦在数据信息处理过程中的某一环节出现失误，就会导致整个数据信息处理过程失效，浪费大量的人力、物力，以及财力。

其次，Hadoop 需要社会具备投资构建的且专用的计算集群，在构建的过程中，会出现很多难题，比如形成单个储存、计算数据信息和储存，或者中央处理器应用的难题。不仅如此，即使将这种储存形式应用于其他项目上，也会出现兼容性的问题。

二、实施数据挖掘的方法

随着科学技术的不断发展以及我国社会经济体系的不断完善，数据信息处理逐渐成为相关部门和人们重视的内容，并且越来越受到社会各界的广泛关注和重视，并使数据信息分析和挖掘成为热点话题。在现阶段的大数据时代下，实施数据挖掘项目的方法有很多，且不同的方法适用的挖掘方向不同。基于此，在实际进行数据挖掘的过程中，需要根据数据挖掘项目的具体情况选择相应的数据挖掘方法。数据挖掘方法有分类法、回归分析法、Web 数据挖掘法，以及关系规则法等等。本节主要介绍分类法、回归分析法、Web 数据挖掘法。

（一）分类法

随着通信行业快速发展，基站建设加快，网络覆盖多元化，数据信息对人们的生产生活影响越来越显著。计算机技术等的应用与发展在很大程度上促进了经济的进步，提高了人们的生活水平，推动了人类文明的历史进程。在此背景下，数据分析与挖掘成为保障信息安全的基础和前提。为了使数据挖掘过程更好地进行，需要不断探索科学合理的方法进行分析，以此确保大数据时代的数据挖掘进程更具准确性和可靠性。分类法是数据挖掘常使用的方法之一，主要用于在数据规模较大的数据库中寻找特质相同的数据，并将大量的数据依照不同的划分形式区分种类。对数据库中的数据进行分类的主要目的是将数据项目放置在特定的、规定的类型中，这样做可以在极大程度上为用户减轻工作量，使其工作内容更加清晰，便于后续的内容查找。另外，数据挖掘的分类还可以为用户提高经济效益。

（二）回归分析法

除了分类法之外，回归分析法也是数据挖掘经常采用的方法。不同于分类法对相同特质的数据进行分类，回归分析法主要是对数据库中具有独特性质的数据进行展现，并通过利用函数关系来展现数据之间的联系和区别，进而分析相关数据信息特质的依赖程度。就目前而言，回归分析法通常被用于数据序列的预计和测量，以及探索数据之间存在的联系。特别是在市场营销方面，实施回归分析法可以在营销的每一个环节都有所体现，能够很好地进行数据信息的挖掘，进而为市场营销的可行性奠定数据基础。

（三）Web 数据挖掘法

通信网络极度发达的现今时代，大大地丰富了人们的日常生活，使人们的生活更具科技性和便捷性，这是通过大规模的数据信息传输和处理而实现的。为了将庞大的数据信息有目的地进行分析和挖掘，就需要通过合适的数据挖掘方法进行处理。Web 数据挖掘法主要是针对网络式数据的综合性科技，到目前为止，在全球范围内较为常用的 Web 数据挖掘算法的种类主要有三种，且这三种算法涉及的用户都较为笼统，并没有明显的界限可以对用户进行明确、严谨的划分。高新科技的迅猛发展，也给 Web 数据挖掘法带来了一定的挑战和困难，尤其是在用户分类层面、网站公布内容的有效层面，以及用户停留页面时间长短层面。因此，在大力推广和宣传 Web 技术的大数据时代，数据分析技术人员要不断完善 Web 数据挖掘法的内容，不断创新数据挖掘方法，以期更好地利用 Web 数据挖掘法服务于社会、服务于人民。

三、大数据分析挖掘体系建设的原则

随着改革开放进程的加快，我国社会经济水平得到了明显提升，人们的物质生活需求和精神文化生活需求大大满足，特别是 21 世纪以来，科学信息技术的发展，更是提升了人们的生活水平，改善了生活质量，计算机、手机等先进的通信设备比比皆是，传统的生产关系和生活方式已经落伍，并逐渐被淘汰，新的产业生态和生产方式喷薄而出，人们开始进入大数据时代。因此，为了更好地收集、分析、利用数据信息，并从庞大的数据信息中精准、合理地选择正确的数据信息，进而更加迅速地为有需要的人们传递信息，就需要建设大数据分析与挖掘体系，并在建设过程中始终遵循以下几个原则。

（一）平台建设与探索实践相互促进

经济全球化在对全球经济发展产生巨大推力的同时，还使得全球技术竞争更加激烈。为了实现大数据分析挖掘体系良好建设的目的，需要遵循平台建设与探索实践相互促进的原则，根据体系建设实际逐渐摸索分析数据挖掘的完整流程，不断积累经验，积极引进人才，打造一支具有专业数据分析与挖掘水准的队伍，在实际的体系建设过程中吸取失败的教训，并适当借鉴发达国家的先进数据平台建设经验，取其精华，促进平台建设，以此构建并不断完善数据分析挖掘体系。

（二）技术创新与价值创造深度结合

从宏观意义上讲，创新是民族进步的灵魂，是国家兴旺发达的不竭动力。而对于数据分析挖掘体系建设而言，创新同样具有重要意义和作用。创新是大数据的灵魂，在建设大数据分析挖掘体系过程中，要将技术创新与价值创造深度结合，并将价值创造作为目标，辅以技术创新手段，只有这样，才能实现大数据分析挖掘体系建设社会效益与经济效益的双重目的。

（三）人才培养与能力提升良性循环

意识对物质具有反作用。正确反映客观事物及其发展规律的意识，能够指导人们有效地开展实践活动，促进客观事物的发展。歪曲反映客观事物及其发展规律的意识，则会把人的活动引向歧途，阻碍客观事物的发展。由此可以看出意识正确与否对于大数据分析挖掘体系平台建设的重要意义。基于此，要培养具有大数据技术能力和创新能力的数据分析人才，并定期组织教育学习培训，不断提高他们的数据分析能力，不断进行交流和沟通，培养数据分析意识，提高数据挖掘能力，实现科学的数据挖掘流程与高效的数据挖掘执行，从而实现数据分析挖掘体系平台建设的良性循环。

通过本节的综合论述可知，在经济全球化趋势迅速发展的同时，科学技术不断创新与完善，人们的生活水平和品质都有了质的提升，先进的计算机软件等设备迅速得到应用和推广。人们实现信息传递的过程是通过对大规模的数据信息进行处理和计算形成的，而信息传输和处理等过程均离不开数据信息的分析与挖掘。可以说，我国由此进入了大数据时代。然而，从我国目前数据信息处理的技术来看，相关数据技术还处于发展阶段，与发达国家的先进数据分析技术还存在一定的差距和不足。所以，相关数据分析人员要根据我国的基本国情和标准需求对数据分析技术进行完善，提升思想意识，不断提出切实可行的方案进行数据分析技术的创新，加大大数据分析挖掘体系的建设，搭建可供进行数据信息处理、划分的平台，为大数据时代的数据分析和挖掘提供更加科学、专业的技术，从而为提高我国的科技信息能力提供基本的保障和前提。

第三节　大数据技术与档案数据挖掘

在信息时代背景下，信息分析与处理方式多种多样。大数据技术近几年开始应用于档案数据挖掘中，使得档案管理工作变得信息化和精细化。本节就大数据技术在档案数据挖掘中的价值与策略进行深入分析。

伴随着大数据时代的到来，数据挖掘技术在档案管理中的应用将进入一个新的发展时期。尽管档案学术界很早就提出知识管理与知识挖掘，但知识挖掘尚停留在概念和理论探讨阶段。大数据挖掘，即从大数据中挖掘知识，大数据挖掘技术有效地解决了数据和知识之间的鸿沟，是将数据转变成知识的有效方式。大数据时代给数据挖掘技术带来的根本性改变使数据的深度挖掘成为可能，对大量数据进行分析处理和智能化挖掘，从管理角度来看，要达到最优的结果，不仅数据要全面、可靠、有价值，而且需要对数据进行深度挖掘。

一、大数据技术与档案数据挖掘内容

（一）挖掘档案资源

在大数据技术支持下，档案管理工作的思路应转变为"大数据"，合理整合档案数据，建立完善的大数据档案资源体系和共享软件档案数据资源库，从而实现馆藏档案的共享和联系。另外，云计算平台和互联网技术等推动了地区档案数据资源网络系统的建设与完善，使得档案用户查询相关资料更加方便、快捷。

（二）用户数据挖掘

大数据技术下的档案资源挖掘，可以挖掘更多的用户数据，使得大数据档案服务变得更加精准，同时也提升了用户的体验感与认同感。在进行档案数据挖掘的时候，应该重点对用户的档案信息、用户统计资料等进行挖掘整理。在对档案数据挖掘的时候，可以利用大数据技术访问用户的浏览日志文件，还可以用数据分析技术进行档案资料分析，对用户的检索关键词进行数据化统计，从而提高档案信息查准率。

二、利用大数据技术进行档案数据挖掘的有效措施

（一）构建以大数据技术为核心的数据资源体系

随着社会的进步，档案数据应展现时代特色，构建中华民族共同体记忆的"中国式"数字资源库。数字资源可以是文本形式、音频形式、图片形式等。首先，应扩大档案数据资源总量，加大实体档案资源的建设，完善实体档案门类，优化馆藏档案结构。其次，应重点建设数字资源，构建完善的数字化档案资源库，使电子档案分门别类地归档。最后，应大力整合档案数据资源，实现资源共享，增加数据应用价值。一方面，在档案数据管理方面，大数据技术为档案管理与档案挖掘提供了有效保证；另一方面，在大数据技术下档案的深入挖掘中，进一步优化了档案馆的使用功能。

（二）构建和谐的用户关系管理，增大数据内在关联

在大数据时代，人们应该转变原有的"因果关系"认知思路与观念，用"相互关系"取代传统思想，用新的视觉看待档案数据挖掘，用新的技术去挖掘档案数据，将以前的"知道为什么"变成"知道是什么"。大数据技术有预测分析的功能，可以对档案用户之前的网上行为、现在进行的行为进行分析，还可以根据用户的基本情况预测未来的行为，挖掘出数据之间的关联性，实现档案资源的集成、创新与优化。可以借助大数据技术，统计分析用户的行为轨迹、研究用户的使用习惯和兴趣、分析用户的储存行为等，在隐性层面满足用户的实际需求。例如，借助大数据技术针对不同的用户，可以产生动态推荐超级链接列表。

（三）利用大数据技术保护数据安全

在大数据时代，信息隐私安全保护面临着严峻考验，技术因素和人力因素都会影响数据的安全性，如果合理利用大数据技术，就可以为档案管理工作提供可靠的预测决策情报。首先，应健全大数据档案挖掘法律法规，加强对个人档案信息隐私的保护力度，另外，还应建立个人档案数据安全管理体系，合理管理档案信息，避免发生数据外泄和丢失等现象。其次，选择可以保护数据隐私的挖掘方法与技术，明确私人信息和公共信息，先确保私人信息的安全，再进行数据深入挖掘。

（四）实施智慧因子联合大数据技术的数据挖掘模式

自"智慧城市"概念提出后，"智慧因子"被广泛应用于各行各业，如智慧上海、智慧物流、智慧档案馆等。智慧档案馆就是档案数据挖掘中"智慧因子联合大数据技术"的实际应用案例，在大数据技术中植入智慧因子，将智慧服务融入档案馆理论，在互联网技

术和物联网技术的支持下，形成智能网络体系，真正实现档案信息资源的有机整合和广度挖掘，推动我国档案服务的信息化和智慧化发展。大数据技术可以将各种档案资源进行有机整合，同时，借助智慧因子，创新智慧服务理念和手段，使得档案数据资源开发更加个性化，同时让隐性知识变得显性化。

综上所述，在大数据时代背景下，大数据档案、大数据服务、智慧档案等都大大促进了档案管理工作的开展。随着科学技术的不断发展，未来档案管理工作中应真正落实大数据技术，使得每位档案管理人员在工作中都可以轻车熟路。档案数据挖掘有几个不同的环节，在应用大数据技术的时候，应该认清数据挖掘环节的特性，采取合理的数据挖掘措施，实现档案数据资料的有效挖掘和合理运行，实现大数据技术下档案数据的良性循环。

第四节　遥感大数据自动分析与数据挖掘

成像方式的多样化以及遥感数据获取能力的增强，导致遥感数据的多元化和海量化，这意味着遥感大数据时代已经来临。然而，现有的遥感影像分析和海量数据处理技术难以满足当前遥感大数据应用的要求。发展适用于遥感大数据的自动分析和信息挖掘理论与技术，是目前国际遥感科学技术的前沿领域之一。本节围绕遥感大数据自动分析和数据挖掘等关键问题，深入调查和分析了国内外的研究现状与进展，指出了在遥感大数据自动分析和数据挖掘上的科学难题与未来发展方向。

一、大数据和遥感大数据

近年来，随着信息科技和网络通信技术的快速发展，以及信息基础设施的完善，全球数据呈爆发式增长。国际数据资讯公司（International Data Corporation，IDC）的最新研究指出，全球过去几年新增的数据量是人类有史以来全部数据量的总和，到 2020 年，全球产生的数据总量将达到 40 ZB 左右，而其中 95% 的数据是不精确的、非结构化的数据。一般而言，把这些非结构化或半结构化的、远超出正常数据处理规模的、通过传统的数据处理方法分析困难的数据称为大数据（big data）。大数据具有体量大（volume）、类型杂（variety）、时效强（velocity）、真伪难辨（veracity）和潜在价值大（value）等特征。

大数据隐含着巨大的社会、经济、科研价值，被誉为未来世界的"石油"，已成为企业界、科技界乃至政界关注的热点。2008 年和 2011 年《Nature》和《Science》等国际顶级学术刊物相继出版专刊探讨对大数据的研究，标志着大数据时代的到来。在商业领域，IBM、Oracle、微软、谷歌、亚马逊、Facebook 等跨国巨头是发展大数据处理技术的主要推动者。在科学研究领域，2012 年 3 月，美国奥巴马政府 6 个部门宣布投资 2 亿美元联合启动"大数据研究和发展计划"，这一重大科技发展部署，堪比 20 世纪的信息高速公路计划。英国也将大数据研究列为战略性技术，对大数据研发给予优先资金支持。2013年英国政府向航天等领域的大数据研究注资约1.9亿英镑。我国也已将对大数据科学的研究提上日程，2013年国家自然科学基金委开设了"大数据"研究重点项目群。总体而言，大数据科学作为一个横跨信息科学、社会科学、网络科学、系统科学、心理学、经济学等诸多领域的新型交叉学科，已成为科技界的研究热点。

目前来看，国际上针对大数据的科学研究仍处于起步阶段，大数据的工程技术研究走在科学研究的前面。绝大多数研究项目都是应对大数据带来的技术挑战，重视的是数据工程而非数据科学本身。为了深入研究大数据的计算基础，需要面向某种特定的应用展开研究。

在遥感和对地观测领域，随着对地观测技术的发展，人类对地球的综合观测能力达到了空前水平。不同成像方式、不同波段和分辨率的数据并存，遥感数据日益多元化；遥感影像数据量显著增加，呈指数级增长；数据获取的速度加快，更新周期缩短，时效性越来越强。遥感数据呈现出明显的"大数据"特征。

然而，与遥感数据获取能力形成鲜明对比的是遥感信息处理能力十分低下。现有的遥感影像处理和分析技术，主要针对单一传感器设计，没有考虑多源异构遥感数据的协同处理要求。遥感信息处理技术和数据获取能力之间出现了严重的失衡，遥感信息处理仍然停留在从"数据到数据"的阶段，在实现从数据到知识转化上明显不足，对遥感大数据的利用率低，陷入了"大数据，小知识"的悖论。更有甚者，由于大量堆积的数据得不到有效利用，海量的数据长期占用有限的存储空间，将造成某种程度上的"数据灾难"。

大数据的价值不在其"大"而在其"全"，在其对数据后隐藏的规律或知识的全面反映。同样，遥感大数据的价值不在其海量，而在其对地表的多粒度、多时相、多方位和多层次的全面反映，在于隐藏在遥感大数据背后的各种知识（地学知识、社会知识、人文知识等）。遥感大数据利用的终极目标在于对遥感大数据中隐藏知识的挖掘。因此，有必要研究适用于遥感大数据的自动处理和数据挖掘方法，通过对数据的智能化和自动分析从遥感大数据中挖掘地球上的相关信息，实现从遥感数据到知识的转变，突破这种"大数据，小知识"的遥感数据应用瓶颈。

本节主要讨论遥感大数据的智能分析与信息挖掘问题。在大数据的背景下，借助和发展相关技术，开展对遥感大数据的研究，一方面可以丰富"大数据科学"的内涵，另一方面也可有效地破解遥感对地观测所面临的"大数据，小知识"的困局，具有十分重要的科学价值和现实意义。

二、遥感大数据的自动分析

遥感大数据的自动分析是进行遥感大数据信息挖掘、实现遥感观测数据向知识转化的前提，其主要目的是建立统一、紧凑和语义的遥感大数据表示，从而为后续的数据挖掘奠定基础。遥感大数据的自动分析主要包括数据的表达、检索和理解等方面。

（一）遥感大数据的表达

随着对地观测遥感大数据不断涌现，其语义的复杂性、数据维度语义的丰富性、传感器语义的多样性等新特点使得传统的表达方式已不能满足实际应用的需求。同一地物的不同粒度、时相、方位和层次的观测数据可以看作该地物在不同观测空间的投影，因此，遥感大数据的特征提取需要考虑多源、多分辨率影像特有的特征表达模型，以及特征间的关系和模型的相互转化。研究遥感大数据的特征计算方法，从光谱、纹理、结构等低层特征出发，抽取多元特征的本征表示，跨越从局部特征到目标特征的语义鸿沟，进而建立遥感大数据的目标一体化表达模型是遥感大数据表达的核心问题。研究内容主要包括：

（1）遥感大数据的多元离散特征提取：在大数据的框架下，需要研究多分辨率、多数据源、多时空谱的遥感影像特征提取，形成遥感大数据在不同传感器节点的离散、多元特征提取方法。

（2）遥感大数据多元特征的归一化表达：遥感大数据的特征提取需要考虑多元离散特征的融合和降维。特征融合旨在把多元特征统一到同一个区分特征空间中，用数据变换的方式将不同源、不同分辨率的离散特征同化到大数据的应用空间。同时，多元特征的维数分析目的在于将遥感大数据的高维混合特征空间进行维数减少，形成归一化的低维特征节点和数据流形，以提高大数据处理的效率。

（二）遥感大数据的检索

遥感大数据应用正朝着网络化、集成化的方向发展。世界各国也纷纷制订了国家级别空间数据基础设施的计划，旨在通过网络的方式，提供高程、正射影像、水文、行政边界、交通网络、地籍、大地控制以及各种专题数据的访问与下载服务。例如，美国政府建立的空间信息门户，其目标在于建立一站式地理空间站点，以提高政府工作效率以及为大众提供空间信息服务，在一定程度上方便了信息的获取。然而，这种服务模式主要是通过目录搜索的方式提供数据下载，对数据的处理和分析还远远不够，难以实现对用户需求的按需服务。现有的地理信息和遥感数据服务链还难以对任务需求变化和动态环境变化进行自适应处理，也难以在任务并发情况下进行服务协同优化。

为了从海量遥感大数据中检索出符合用户需求和感兴趣的数据，必须对数据间的相似性和相异性进行度量。在此基础上的高效遥感大数据组织、管理和检索，可以实现从多源多模态数据中快速地检索出感兴趣的目标，提高遥感大数据的利用效率。对于遥感场景数据的检索目前基本实现了基于影像特征的搜索。然而，在遥感大数据中，同一地物的不同观测数据存在大量的冗余性和相似性，如何利用这些冗余信息，研究图像的相似性或差异性、充分挖掘图像的语义信息、有效提高检索效率是遥感大数据利用的关键问题。

仅针对某一类型图像的传统遥感图像检索方法已难以适用于遥感大数据的检索，发展知识驱动的遥感大数据检索方法是有效途径之一，主要包括：

（1）场景检索服务链的建立：由于遥感图像描述的是地表信息，不存在明确或单一的主题信息，而传感器和成像条件的多样化又导致了遥感图像的多样化，因此，需要在遥感影像语义特征提取、目标识别、场景识别与自主学习的基础上，针对不同类型遥感数据的特点，建立适合数据类型与用于需求的场景检索服务链，获取不同类型遥感数据所共有的地学知识，为检索多源异质数据提供知识基础。

（2）多源海量复杂场景数据智能检索系统：海量场景数据智能检索系统基于用户给定的待检索信息（文本描述、场景图像等）对多源海量遥感数据进行检索，快速返回用户所需的场景。

（3）融入用户感知信息的知识更新方法：相关反馈技术作为一种监督的自主学习方法，是基于内容的图像检索中提高图像检索性能的重要手段。相关反馈是一种通过用户对检索结果的反馈，把低层次特征与高层语义进行实时关联的机制，其基本思想是查询时，首先由系统对用户提供查询结果，然后用户反馈给系统其对于结果的满意程度，从而锻炼和提高系统的学习能力以模拟人类对图像的感知能力，达到高层语义检索的目的。

（三）遥感大数据的理解

遥感大数据科学的主要目标是实现数据向知识的转化，因此遥感大数据场景的语义理解至关重要。目前对于遥感场景数据的处理基本实现了由"面向像素"到"面向对象"的处理方式的过渡，能够实现对象层—目标层的目标提取与识别。然而，由于底层数据与高层语义信息间存在语义鸿沟，缺乏对目标与目标关系的认知、目标与场景关系的认知，造成了在目标识别过程中对获取的场景信息利用能力不足的问题。为了实现遥感大数据的场景高层语义信息的高精度提取，在遥感大数据特征提取和数据检索的基础上，应主要研究以下内容：

（1）特征—目标—场景语义建模：为了实现遥感大数据的场景语义理解，克服场景理解中的语义鸿沟问题，需要发展从目标—场景关系模型、特征—视觉词汇—场景模型、特征—目标—场景一体化模型3个方向，研究特征—目标—场景的语义模型。

（2）遥感大数据的场景多元认知：以多源、多尺度等多元特征为输入，以特征—目标—场景语义模型为基础，研究遥感大数据的场景多元认知方法，提供多元化语义知识输出。

（四）遥感大数据云

遥感云基于云计算技术将各种遥感信息资源进行整合，建立基于遥感云服务的新型业务应用与服务模式，提供面向公众的遥感资源一体化的地球空间服务。遥感云将各种空天地传感器及其获取的数据资源、数据处理的算法和软件资源以及工作流程等进行整合，利用云计算的分布式特点，将数据资源的存储、处理及传输等分布在大量的分布式计算机上，使得用户能快速地获取服务。国家测绘地理信息局建设的地理信息综合服务网站——天地图，就是利用分布式存储技术来存储全球的地理信息数据，这些数据以矢量、影像、三维3种模式来展现，通过门户网站实现了地理信息资源共享。Open RS Cloud 是一个基于云计算的开放式遥感数据处理与服务平台，可以直接利用其虚拟 Web 桌面进行快速的遥感数据处理和分析。GeoSquare 利用高效的服务链网络为用户提供输入输出管理工具来构建可视化的服务链模型进行遥感数据处理。目前正在建立的空天地一体化对地观测传感网旨在获取全球、全天时、全天候、全方位的空间数据，为遥感云中的数据获取、处理及应用奠定基础。

三、遥感大数据挖掘

数据挖掘是指从大量数据中通过算法搜索其隐藏信息的过程，是目前大数据处理的重要手段和有效方法，可以从遥感大数据中发现地表的变化规律，并探索出自然和社会的变化趋势。下面将具体分析遥感大数据挖掘过程和遥感大数据和广义遥感大数据的综合挖掘。

（一）遥感大数据挖掘过程

对大数据进行数据挖掘的整个过程包含数据获取与存储、数据处理与分析、数据挖掘、数据可视化及数据融合等，这些过程都具有大数据的特点。相较于数据检索和信息提取而言，数据挖掘的难度更大，它依赖于基于大数据和知识库的智能推理等的理论与技术支撑。遥感大数据的数据挖掘具体过程为：首先，数据的获取和存储，存储从各种不同的传感器获取的海量、多源遥感数据并利用去噪、采样、过滤等方法进行筛选整合成数据集；其次，对数据集进行处理和分析，如利用线性和非线性等统计学方法分析数据并根据一定规则对数据集分类，并分析数据间及数据类别间的关系等；再次，对分类后的数据进行数据挖掘，利用人工神经网络、决策树、云模型、深度学习等方法探索和发现数据间的内在联系、隐含信息、模式及知识；最后，可视化这些模式及知识等，用一种直观的展示来方便用户理解，并将有关联的类别进行融合，方便分析和利用。

（二）遥感大数据和广义遥感大数据的综合挖掘

遥感大数据是地物在遥感成像传感器下的多粒度、多方位和多层次的全面反映。一方面，它能与 GIS 数据等其他空间大数据有较好的互补关系；另一方面，广义的遥感大数据应该包含所有的非接触式的成像数据，这些遥感大数据和广义遥感大数据的综合信息挖掘能揭示更多的地球知识和变化规律。

随着智慧城市在中国和全世界的推广以及视频架构网的完善，视频监控头作为一种特殊的遥感传感器在城市的智慧安防、智慧交通和智慧城管中有大量应用。2005 年国务院启动了平安城市计划，在 660 个城市装了 2200 多万个摄像头，大部分城市装了 25～60 万个摄像头，存储的数据达到 PB 级别。这些广义遥感时空大数据包含了丰富的信息，如果对这些数据进行信息挖掘，就可以从中发现地球上的一些精细尺度的变化规律，如人类的生活和行为等。

然而这些广义遥感时空大数据，目前不仅存储费用昂贵，而且不能得到很好的分析，无法发挥其在智慧城市中的作用，亟须寻求自动化的数据智能处理和挖掘的方法，发展对空间地理分布的视频数据进行时空数据挖掘的新理论和新算法。

时空分布的视频数据挖掘目的不仅是进行智能的数据处理和信息提取，更重要的是通过时空分布的视频数据挖掘自动区分正常行为和异常行为的人、车、物，从而对海量的视频数据进行合适的处理，如删除与人们正常活动有关的、需要保护的隐私活动数据，而保留包含可疑事件的数据。

时空数据挖掘是指从时空数据中提取出隐含的、未知的、有用的信息及知识，时间维度和空间维度增加了其挖掘过程的复杂性，因此，时空数据的挖掘需要综合运用多种数据挖掘方法，如统计方法、聚类法、归纳法、云理论等。时空分布的视频数据挖掘的主要研究内容包括行为分析、基于时空视频序列的事件检测等内容。

（三）遥感大数据挖掘的潜在应用

遥感大数据挖掘不仅能用于挖掘地球各种尺度的变化规律，而且能用于发现未知的，甚至与遥感本身不相关的知识，其中一个典型的应用是用夜光遥感技术发现夜光和战争之间的关系。例如，借助美国国家海洋和大气管理局免费公布的相关卫星数据，可以绘制出169 个国家的夜光趋势图，通过统计分析得到全球夜光波动指数，发现每年夜光波动程度与当年全球发生武装冲突数量的相关度很高，相关系数达到 0.7 以上。如果利用数据挖掘的方法把所有国家按照夜光波动进行分级，夜光波动最大的一类国家，在近 20 年内发生战争的概率为 80%，夜光波动较大或者极大的 53 个国家中，有 30 个遭受战争侵扰。因此，可以得出结论：夜光突然减少，一般情况下对应着战争爆发和因海啸等天灾造成的居民大规模迁徙；夜光突然增加，一般意味着战争结束以及战后、灾后重建。一个国家的夜光波动越大，说明在该段时间发生战争的可能性越大。

未来 10 年，我国遥感数据的种类和数量将飞速增长，对地观测的广度和深度快速发展，亟须开展遥感大数据的研究。然而，卫星上天和遥感数据的收集只是遥感对地观测的第一步，如何高效地处理和利用已有的以及这些即将采集的海量多源异构遥感大数据，将遥感大数据转化成知识是主要的理论挑战和技术瓶颈。研究遥感大数据自动分析和数据挖掘，能为突破这一瓶颈提供有效的方法，有望显著提高对遥感数据的利用效率，从而加强遥感在环境遥感、城市规划、地形图更新、精准农业、智慧城市等方面的应用效力。因此，重视和抓紧遥感大数据的研究不仅具有重要的学术价值，而且具有重要的现实意义。

第五节　面向大数据的空间数据挖掘

随着我国高新技术的不断发展，各个领域中更多地应用了先进的技术，特别是大数据技术的应用。在大数据时代的发展中，电子产品与电子商务网络引进了计算服务的平台，并且储存了很多的数据信息，对于信息资源的不断完善与健全信息不再是紧缺与匮乏的状态，这对人们生活质量的提高起到了很重要的作用。对于现代空间数据的储存量与评价值也逐渐增加，使用传统的人工分析的方式已经不能满足现代社会的发展需求，所以需要加强这方面的信息并引进先进的技术。本节主要针对大数据中的空间数据进行详细分析，并针对其中的挖掘技术进行严密的研讨，为以后数据信息的发展提供重要的参考依据。

目前，国家整体经济的不断发展，带动了人们生活水平的提高。对于国家各个行业的不断发展与完善，为科学技术的创新与完善奠定了良好的基础。社会经济的快速发展，实现了我国对经济发展的要求，目前我国经济、政治、文化的发展重要内容是空间的不断发展。科学技术的发展促使人们对社会的研究上升到空间的角度，目前我国的大数据时代逐渐地完善，空间数据的挖掘也成为未来发展的必然趋势，成为经济、政治、文化发展的重要前提。

所谓的大数据的使用与处理模式需要具有很强的决策能力与洞察能力，同时还需要对流程进行优化、提高增长率与信息资产的多样化的发展。目前很多企业单位与平台产生的数据都具有很高的参考价值，需要我们不断地挖掘。对于信息的使用最大的特点就是时效性，因此对大数据的处理工作受到人们的广泛关注，但我们面临的主要问题就是企业与平台不能在科学、合理的时间内对数据进行整理、分析。当前我国的信息资源发展的速度很快，也为大数据的发展提供了重要的基础条件。

一、空间数据挖掘的特点

空间数据与普通的数据不同，它具有很强的复杂性与多样性，所以要求对空间数据的挖掘使用的方式、方法具有一定的特殊性。结合相关的资料参考对空间数据的挖掘特点总结，根据其自身的特征进行分析主要包括以下几个方面：第一，空间数据的来源比较广泛，而且数量比较大，种类很丰富，数据信息的类型比较多，数据的表现形式也是多种多样比较复杂。第二，数据信息的依托方式具有很高的技术水平。一般情况下会使用空间搜索引擎对复杂的空间数据进行收集整理。对于空间数据的挖掘技术的定位也与普通的信息数据整理的方法不同，得到了很大的提高。所以空间数据的挖掘技术也与之前的传统技术有所不同，具有很大的提高。第三，对空间数据的挖掘方法也是多种多样，根据不同领域的不同表现形式，使用的技术与范围具有很高的复杂程度，对于使用的技术方法也是随机应变，对于方法的选择需要结合不同领域的研究侧重点进行分析，选择合适的挖掘方法。第四，对空间数据的挖掘过程需要依据多尺度与多维度的原则进行分析，随着国家社会多元化、复杂化的发展对于空间信息的整体要求，空间数据的挖掘方法也会各不相同。所以需要对不同领域的不同信息进行综合分析，主要是由不同类型的领域中的共同性所决定。

二、大数据下空间数据的价值

（一）总体认知原貌

目前，大数据环境下的空间数据具有以下几种特点：复杂性、多样化与多维度等。这样可以有助于固有事物属性进行真实的表现，可以协助人类对整个世界的特征、实际情况有一个详细的了解与掌握。传统使用的方法主要是针对某一种事物或者单一的内容进行相关信息的收集、整理、分析，因此只是对这一方面比较了解，缺乏完整性，而且还会在认识上存在一些错误的信息。但是，在新时代大数据信息发达的状态下，收集到的数据信息可以全面地反映对某一事物的认识还有与其他事物之间的联系。这样可以对事物了解得更透彻。因此，要求这些信息需要更加的真实、准确，这样才能更好地展示这一事物最真实的一面，有助于人们更好地了解世界，为开拓世界奠定坚实的基础，促进社会的不断发展。

（二）基础性资源

在大数据时代下空间数据的使用，具有很高的价值，可以作为社会资源发展的基础性条件，也是社会全方面发展的重要推动。进入信息时代之后，社会的日常生活与工作都与数据之间建立了紧密的联系，这与传统的生产与人力资本有很大的不同。在社会经济不断发展的时代，空间数据起到了很重要的促进作用。与此同时，大数据信息的发展也对社会中企业与公共部门的经济效益具有直接的关系，它可以提高企业的生产效益与经营的效益，提高企业的竞争实力与创新能力。例如，能够将高新的三维数据技术与卫星的导航技术用在大数据信息的发展中，对基础信息资源的监理具有重要的作用，它可以对人们日常的出行、所处的地理位置、城市的规划等提供重要的信息资源。在信息资源中空间数据是重要的组成部分，大数据的空间数据发展能够为人们提供重要的参考价值。对于这些大量的空间数据怎样去利用、怎样去挖掘其中巨大的价值，值得人们深入地研究与探讨。

（三）时空数据是大数据的基础

大数据具有很强的复杂性，所以使用传统的数据处理技术无法实现对大数据的充分利用。大数据中大部分的数据是来自空间数据，因此这些数据四分之三以上都与空间的位置有直接的关系。随着我国高新技术的不断发展，计算机技术与网络空间信息技术不断发展与普及，这些数据具有很强的时效性，而且会随着时间的变化而发生变化。这些数据具有客观的存在，所以人们将这些数据都附上了地理的编码与时间的标志，从这个角度考虑，时空数据不仅是组成大数据的重要组成部分，也是大数据组成的重要基础。所以，对时空数据资源的存储与处理技术就是对大数据的存储处理技术，只不过时空数据更多的是注重地学领域，而大数据包含了所有的方面。与传统的空间数据不同，时空数据更加的复杂多样化。它根据研究对象随时间的发展而形成的变化轨迹，对研究对象的空间属性与时间的属性进行了详细记录，也是一个动态变化的过程，具有很大的数据量变化，而且具有时变性的特征。目前这一技术的使用主要是在国家的国防、工业、交通、气象等领域。

三、大数据下的空间数据挖掘

（一）基本的大数据技术

对于大数据时代的空间数据的挖掘需要的最大的支持就是高新技术手段。例如，在对数据信息的采集、存储、整理、表达等多方面的技术应用，这些都是对空间数据利用的基础，对于大数据的收集技术的使用主要是指对数据的获取方法。针对这些庞大的信息量怎样才能实现在最短的时间内完成存储的安全是非常重要的，可以运用相关的应用软件，建立一个大型的数据库存储使用，这样可以实现大量信息的安全存储，对于以后的管理也很便利。另外，使用处理的处理技术，将大量信息中蕴含的数据价值进行充分的挖掘，以便被人们使用，在这个处理过程中，空间数据已经不是单纯的数据而是一种信息，然后将处理过的数据使用相关的技术进行充分的表达，这样就可以将潜在的信息充分地释放出来，为人们的使用提供重要的帮助。

（二）发现空间知识

在对空间数据进行挖掘之后会得到更多的空间大数据，这些数据具有很大的价值，这些就是发现空间知识。这是经过对空间数据的处理得到的空间信息，发展为空间知识的一个转变的过程。空间数据的挖掘技术主要是将空间的数据进行收集整理之后经过分析得到的空间知识，之后将这些知识与数据进行有效的结合使用，实现对数据的处理与决策。空间知识的特征就是具有很强的自学习性、自提升性、普遍性等，这样更容易被人们使用，是进行判断，采取决策的重要参考。如果这些空间的知识被人们广泛地使用，那么不管是生活方式还是学习工作都会发生很大的变化，逐渐精细与完善。可以实现对资源的有效使用，减少浪费的情况发生，提高人们的生活水平等，对人类与社会的发展都具有重要的推动作用。

（三）萃取数据智能

所谓大数据的数据智能化是指将收集到的数据进行详细的分析、研究，从而得到更加全面、具体、新颖的知识来解决更多的问题。可以实现对问题的更灵活、有效、全面地解决，也是一种能力的表现。对于空间数据的智能化主要是根据感知的能力、广泛的互动与智能化单个方面组成的。三者之间相互合作，获取更多、更广泛的数据信息，并通过目前的网络技术进行信息之间的传递与共享。再结合相应的方法和措施对数据进行深入的分析与挖掘。有人会认为对于大数据的智能化就是将不同的数据信息与挖掘技术进行简单的结合，这种想法是错误的。空间数据的智能化是具有一个科学的组织机构与良好的运行系统，强大的综合功能针对某一个行业的系统智能化。对于某一个行业来说系统的结构越合理，行业内部之间的损耗就越少，所产生的功效就会越大，整个系统的可用性就会更高。工作人员通过对大量的空间数据进行有效的使用与研究，可以使用更加高效的方法对其进行计算与分析，通过对各行各业的大量信息数据进行集中分析，得到与当前实际情况相吻合的信息资源，这样可以为解决现实问题提供很大的帮助。

（四）空间数据挖掘的应用趋势及发展预测

通过对目前大数据时代下的空间数据的挖掘技术可以看出，当前社会市场经济的环境需要这些资源与信息，但是空间数据还有很多的优势没有被人们发现与使用，一些特征的存在注定了在未来空间数据的发掘中还具有很大的发展空间。例如，针对多来源的空间数据的处理技术水平还存在问题，继续完善与全面，而且不能实现各个领域的全面适用。随着互联网技术的不断发展，空间数据的挖掘技术也得到了很大的提高，对于空间上存在的不确定性决定空间数据的挖掘还需要不断地深入。针对空间数据的挖掘特征与要求、现状的前提下，对空间数据的挖掘今后会是一个全面的发展领域。对空间数据挖掘的主要目标就是有助于人们更加全面、详细、完整的了解社会的发展、环境的问题等，还可以帮助人们提高自己的知识面。总的来说大数据时代下的空间数据挖掘技术的发展重要目的就是为人类社会更好地发展。

随着目前数据信息时代的发展，大数据的应用给人们的生活带来了很大的便利，推动了人类的不断发展。在世界逐渐全球变化中需要分工协作与业务的综合效率。对于大数据时代的空间数据的挖掘需要我们更加深入的研究与分析，不断地使用先进的挖掘技术将更多的空间数据进行有效地发现。大数据技术的高速发展也给社会的发展带来了很大的机遇，它促进了市场的全面发展与产业的不断正规，对以后社会的变化具有重要的影响。

第五章　数据挖掘在档案管理中的应用

第一节　概念综述

一、档案数据挖掘

数据挖掘是从大量数据中发现并识别具有潜在价值、可被理解信息的一个过程。从中可以看出，数据挖掘的首要前提是数据量，数据量的大小直接影响着最后能否发现数据间的潜在联系。数据量越大，得到的结果越可靠，大数据的管理需要运用数据库来完成，数据库管理便是数据挖掘的技术支撑。其次，数据量越大，意味着包括数据结构、数据内容在内的数据稳定性将降低，数据的结构变得越来越复杂，数据的内容也会变得越来越凌乱，使传统的计算机统计分析变得无从下手，需要模拟人的思维来进行分析和挖掘，因而机器学习是数据挖掘的实现手段。综合来看，数据挖掘可以认为是机器学习和数据库管理的交叉，在数据库管理技术的支撑下从数据库中提取大量数据，通过机器学习技术进行分析，从而挖掘潜在有价值的信息。在档案行业，随着信息社会的发展、无纸化政策的推进，数字档案的产生量不断递增，加之大部分为非结构化数据，使得档案管理工作难度加大，而档案数据挖掘即是从大量数字档案中发现有益于档案管理活动的可被利用信息，改善档案管理者的工作现状，为普通公众提供更优质的档案服务。

二、机器学习

机器学习是一门研究人工智能的科学，特别是如何改善经验学习中算法的性能。机器学习最早可以追溯到对人工神经网络的研究，Warren McCulloch 和 Walter Pitts 早在 1943 年就提出了神经网络层次结构模型，确立为神经网络的计算模型理论，从而为机器学习的发展奠定了基础[1]。在之后的 1950 年，"图灵测试"的提出标志着人工智能开始成为一个重要的研究课题，从此以人工智能为核心的机器学习也正式迈入研究殿堂。学习与人的参与密不可分，根据人参与程度的不同可将机器学习的形式分为监督学习、无监督学习和半监

---

① 段凤，王小芳. 数据挖掘在科研档案管理中的应用研究 [J]. 兰台世界，2012(35)：100-101.

督学习等几类，其中监督学习是根据数据训练集产生的函数来预测新数据对应的结果，训练集的目标是由人为标注产生的；无监督学习与监督学习相比，训练集不包括人为标注的数据，整个过程由计算机自主完成；半监督学习介于监督学习与无监督学习之间，是两者相结合产生的一种学习方法，它运用了大量的未标记数据，同时使用少量标记数据进行模式识别，进而完成任务。

三、数据库管理

顾名思义数据库管理就是对数据库进行管理，其核心是数据库。根据不同的结构，数据库可以分为很多类型，其中关系型数据库是最常见的。关系型数据库是建立在关系模型基础上的数据库，借助于数学方法来处理数据，绝大多数档案机构使用的都是这种类型的数据库。由于档案数据挖掘过程中涉及的异构数据加多，因此还需要非关系数据库的参与，特别是文档型数据库。与关系型数据库相比，非关系型数据库在使用前不需要定义相关的表结构，使用时也具有较大的灵活性。具体来说，数据库的管理应根据数据挖掘过程的任务进行及时调整，满足其系统需求。由于数据挖掘更偏向于探索性分析，意在从数据中寻找出有价值的信息，且这类信息经常不在预定的设计结构之内，因此在档案数据挖掘的过程中，常会带来数据类型等变量的不确定性，从而加剧已定义结构的不稳定性。随着数据挖掘技术的不断发展，结构需要不断调整，为此需要采用关系型数据库与非关系型数据库（如文档型数据库）相结合的方式来减少不稳定性因素。

第二节　现实价值

一、档案的多元分类

在档案整理的过程中，档案分类是一个尤为重要的任务。由于事物一般具有多重属性，按照不同的分类体系可产生不同的分类结果。同理，多重属性的特征在档案上也随处可见，如对于常见的文书档案，当前的分类主要依据"全宗号—年度—机构（问题）—件号"的模式来进行，在实际的档案整理过程中，为了避免机构和问题两个不同类别的交叉，往往采取二选一的分类，而机构运行中产生的文书档案一定与活动、问题等密切相关，因此所解决的问题、涉及的机构、相关的人员等内容特征会集中体现在文书档案中，二选一的分类势必将舍去其他的内容特征。除此之外，在档案著录方面，出于人力成本和时间成本的考虑，一般档案机构并不会对主题词等相关内容进行著录，进而导致这样的分类模式对档案编研产生直接的影响，如在档案年鉴的编制过程中，经常会采用经济、政治、文化等相关元素的分类，这种分类模式根本无法给年鉴的编制带来直接的效益，反而会迫使编制人员进行重新查询和分类，浪费大量的时间，因此档案的多元分类势在必行。在数据挖掘中，利用机器学习的原理可对文本进行自动分类，结合相关训练语料和包含 IDF、词性等数据的训练词典，能够极大地提高分类的准确性。在训练分类过程中，分类的结果由特征向量权值的计算方法密切相关，根据不同的计算方法可产生不同的结果，因此通过制定不同的特征向量计算方法可达到产生不同分类器的目的，进而使档案能够进行多元分类。

二、档案信息的准确检索

档案检索是档案利用的一个重要途径，档案的形式特征、内容特征等信息经过数字化后形成的数据被保存在数据库中，经由检索系统返回结果数据，从而达到档案检索的目的。在整个检索过程中，档案检索的满意度与检索系统的查全率和查准率呈正相关，其中查准率为检索出的相关信息量与检索出的信息总量的比值，查全率为检索出的相关信息量与系统中的相关信息总量的比值，从中可以看出制约档案检索的因素主要为系统的检索算法和系统中的信息总量。在检索算法方面，随着信息技术的快速发展，当前的检索算法基本已能达到令人满意的程度，加之受制于检索范围的限制，检索算法的改进所带来的满意度的提升已到了瓶颈期，真正的影响因素实为系统中的相关信息总量，即包括档案原生的内容文本数据和元数据，档案原生的内容文本数据就是直接呈现在用户面前，为人眼所能直接看到的文本，档案的元数据为档案著录时进行高度概括能表现档案相关特征的数据，如主题词等 ①。在档案信息检索时，检索的信息来源主要为元数据，而主题词等一些元数据很少进行著录，因此所检索的元数据类型十分受限，常用的以题名为主。一般情况下，由于题名反映的是档案的主体内容，并不涉及内容的细微之处，在用户的需求符合主体内容的情况下，检索系统能够返回准确的内容，当需求涉及细微之处时，返回的结果往往差强人意。在此条件下，元数据的著录并不能满足所有的需求，所以有必要对档案的全文内容进行索引，并提取相关内容信息。在数据挖掘的前期准备中，文本的分词具有至关重要的作用，是数据挖掘的一个基础，分词过程所产生的相关词能够作为索引的一部分，组成档案检索的信息来源。

三、档案内容的整合呈现

在档案利用方面，当前主要是以目的为导向进行利用，档案工作者或档案管理系统通过利用者的目的提供相应档案。这种利用形式是在目的与档案间建立单一的联系，当用户的目的单一、表达明确、不涉及范围时，现有的方案能够满足用户的需求。但是，当用户的需求不涉及某一具体档案，而是需要某类档案时，这种方案并不能起到很好的作用，原因在于档案主题与档案之间没有建立起多重联系，例如在档案编研时需要关于

① 窦梅，孙峭，陈艳，朱莹，孙仁诚 . 数据挖掘在科研档案管理中的应用 [J]. 兰台世界，2012(17)：17-18.

某一主题的所有档案,相关人员一般会凭借大概的印象去寻找这些档案,因此可能遗漏许多档案,如果能将档案与主题联系起来,就能解决许多不必要的麻烦。由于经历长时间的积累,部门机构的档案不在少数,以人工的方式来完成这一任务显然不可行,但依靠数据挖掘技术却能较为容易地完成这个事情,相关人员只要辅助参与即可。档案数据挖掘除了能够将档案与其主题联系起来,还能将档案的其他属性与档案建立联系,主题只是档案的其中一个属性,其他的属性如类别、价值等都能与档案建立起联系,从多种维度来综合展现档案的内容。

四、档案鉴定的科学规范

档案鉴定中的为何鉴定、为谁鉴定、谁来鉴定、如何鉴定等问题一直困扰着众多档案工作者,各个方面都颇有争议。在鉴定目的上,实体馆藏数量与库房容量的冲突和档案利用是主要的两个原因。前者是推动传统档案鉴定的直接诱因,由于档案数据挖掘立足于数字档案,其存储依赖于计算机存储设备,理论上可实现海量存储,因此实体馆藏基本上对档案鉴定没有直接影响。档案利用才是档案鉴定的主要目的。档案利用是包括文件形成者和社会公众在内的所有用户利用档案的过程,利用时必须在保证档案固有特征的同时提高档案的利用效率,即保证用户在最短的时间内获取与之目的相符的最多档案,所以既要确保用户所有的档案包含在档案鉴定的结果范围内,又要缩小档案基数,那么如何在缩小基数的同时尽可能保全用户所需的档案呢?目前,针对档案鉴定的人员主要有行政官员、文书工作者和档案工作者这三类,鉴定的过程也紧紧围绕公正、现实意义等展开,具体如何鉴定并没有统一的看法,仍存在一定的争议。档案鉴定中矛盾的产生源于对鉴定的看法不同,导致最后的结果也不尽相同,势必会影响部分档案的保留与否。若想将这部分档案所受的影响降至最低,只需保留所有人的意见。由于档案利用最终是面向用户的,用户的意见也应包括在内,而用户的意见在基于自身需求的条件下产生,需求具有不确定性,未来的需求更是无法预料,导致收集用户意见无法实现。综合来看,最好的决策是弱化传统档案鉴定的结果,由相关人员以评级的方式进行处理。针对传统的纸质档案,这种方法具有非常高的成本,但在电子文件方面,则并不难实现。在档案鉴定的前期,只需利用部分档案作为训练样本,由不同的人员根据不同的鉴定原则筛选出相关档案,之后在数据挖掘过程中,由计算机根据这些档案的特点对日后需要鉴定的档案进行自主处理即可,为保证结果的科学合理,也可由相关人员辅助参与,完成档案的鉴定工作。

第三节 设计原则

一、需求导向原则

　　档案数据挖掘应以用户的需求为导向，立足于满足与档案管理活动相关人员的普遍需求，同时还应将未来可能出现的状况考虑进去，做到问题的及时应对。档案数据挖掘主要以电子文件为对象，一旦进入无纸化时代，整个社会的信息流将加快，单位时间内产生的电子文件将急剧增加，会直接增加档案管理的压力，不仅给档案管理系统的稳定性带来挑战，也影响着整个工作流程的可持续性。由于档案管理从档案的收集、整理、著录、保管、鉴定到利用都是有秩序的流程，任何一个环节出错，都可能导致后续档案工作无法开展，因此在档案数据挖掘设计时，势必要将各个环节人员的需求都考虑进去，保证管理的有条不紊。

二、数据前提原则

　　数据挖掘虽然一定程度上能够解决异构数据所带来的问题，但并不代表数据挖掘对数据没有任何要求。数据前提原则在档案数据挖掘上具体表现为以下几点：①数据量满足数据挖掘的要求，具体的最小数据量并没有在相关文献中提到，根据 scikit-learn（Python 平台的一个数据挖掘开源库）开发组的建议，数据挖掘的最小数据量为50，显然数据量越大，最后的结果越令人信服。②保证所用数据的质量，即数据能够反映自身的信息，这一点在档案数据挖掘上尤为重要。由于档案管理的相关要求，很多机构都会对纸质档案进行数字化，但数字化产生的文档不能用于数据挖掘，因为数据挖掘所用的是文档中的文本数据，而数字化文档经过 OCR 后并不能还原最初的文本数据，经常出现乱码、错别字等情况，因此档案数据挖掘的所用的数据必须来自含有正确数据的电子文件（下文所用的文件、文档等概念都应满足这个条件）。③数据间应有一定的特征差别，不能具有同一性，诸如基建档案中的图纸类数据等不符合这一要求。由于基建图纸类数据是通过建筑设计软件产生的专业领域数据，图纸几乎都是由线条构成，在颜色、轮廓等方面都没有明显的区分，特征非常不明显，因此这类数据应该排除在档案数据挖掘范围之内。

三、成本效益原则

　　档案数据挖掘系统的开发与大部分信息系统一样，都需要投入大量的人力、物力，需要充足的资金来维持[①]。然而，无论是在政府机构还是企业内部，档案部门一直处于边缘地

---

① 王平，安亚翔.大数据时代的档案信息平台建设 [J].档案与建设，2015（10）：8-13.

位，可供规划使用的资金不是很多，因此在档案数据挖掘的投入上应量力而行，在满足多数人需求的情况，尽量降低研发所用的资金。同时，资金的支持与其产生的效益相关，如若一个项目不能产生明显的效益，那么对整个机构来说，这就是一个失败的项目，对资金的申请自然不能成功。因此在档案数据挖掘的研发上应更偏向档案利用的目的，高效地利用过去所产生的所有文件，在文化产品、辅助决策等方面都可以发挥档案应有的作用，如对于企业内部的档案，通过数据挖掘可归纳出企业近几年的发展状况和规划，结合企业实际运营情况可适当做出有利于企业发展的建议，充当辅助决策的作用。

四、档案保护原则

数据挖掘的数据来源是档案，但并不意味着要使用原始数据。对于档案来说，原始数据有且只有一份，即使是拷贝后的电子文件，从数据的性质来说，该数据也不是原来的数据。在档案数据挖掘过程中，档案数据的利用必定要进行，因此整个过程可能会带来不可逆的后果，一旦档案数据遭到损坏，意味着整个档案管理的流程将重新进行。从档案数据挖掘的效率来考虑，数据出现损坏的情况必须降至最低，挖掘使用的数据应来源于原始数据的拷贝，同时也要对使用的拷贝数据进行备份，避免拷贝数据出现问题后对原始数据的频繁读写，降低过程中产生的数据风险。

第四节　应用实践

一、XXX 档案智慧分析挖掘应用实践分析

随着 XXX 档案局信息化建设的不断深入，海量数据不断产生，档案数据量已形成一定规模。社会对深层次知识的需求也越发强烈，在利用上仅仅局限于个人查询使用已无法满足经济社会发展需求，对多年档案数字化投入而形成的大量档案数据也是一种资源浪费。基于满足社会公众对档案信息深层次需求和利用的多样化的考虑，XXX 档案局在 2016 年拟开发建设"民生档案智慧分析挖掘应用平台"项目，该平台主要以民生档案为主体的大数据为主要对象，实现对档案信息的数据挖掘和综合管理、分析、研究。

（一）系统架构

民生档案智慧分析挖掘平台主要从开放性、跨平台、技术成熟的角度考虑，在开发架构上采用 B/S 模式的三层或多层架构，以 J2EE 技术体系结构和 MVC 开发模式为支撑，数据库则使用 Oracle，没有使用非关系型数据库，同时使用 Weblogic、Websphere、东方通等中间件。除此之外，系统基于 XML 的数据交换接口，支持上下级之间的数据交换。

（二）数据管理

民生档案智慧分析挖掘平台可接收和管理各种结构化和非结构化数据，如 ODBC 数据源数据目录接收导入，以及支持接收 PDF、DOC、WPS、RTF、WAV、MP3、MPEG、ASF、WMV 等格式电子文件，所有文本类和图像类电子文件要求通过"档案数据标准化转换工具"转换为 PDF 格式，对于所有音频、视频类的电子文件转换为 FLV 格式，有关两种格式作为系统统一规范利用格式。整个应用系统应实现对海量的结构化与非结构化数据的组织、管理、应用，解决馆藏资源管理系统与网上接收、发布各子系统之间接口问题和数据交换问题，实现资源共享。

（三）功能设计

民生档案智慧分析挖掘平台的后台数据挖掘功能包括文本自动分类、数据抽取、数据建模等几大功能。在文本自动分类方面，系统通过贝叶斯网络和支持向量机等算法对文本进行分类，并支持基于语料的自动分类（通过训练语料，系统实现全自动分类）、基于规则的自动分类（规则分类是按照人工预先定义的规则文件，为文档集合中的每个文档确定一个类别，支持对文本的预处理功能、词频统计、权重、相似度计算等）和混合分类（提供基于语料、规则的双重自动分类方式，支持用户可按照《中国档案分类法》对分类规则进行自定义，从而实现档案的自动分类）。在数据抽取方面，系统提供元数据等数据的智能化自动抽取功能，所涉及元数据的抽取实现如表 4-1 所示，包括主题词、关键词、虚拟时间、虚拟人名、公文种类等几类。在数据建模方面，民生档案智慧分析挖掘平台通过文本分析挖掘技术，结合档案局的实际业务管理需要，建立相关数据模型，实现馆内业务的智能化、自动化处理，所涉及的业务包括档案接收、档案分类、档案保管、档案等级划控、档案利用等。档案的具体内容以社保类民生档案为主，目的是了解参保群体的背景、参保对象的信息和数据资源共享。通过数据挖掘，一方面加深不同参保群体的了解，更好地服务参保对象，提高社会保障服务水平；另一方面为规范社会保障数据收集和整理工作提出客观要求，整合多个数据库平台资源，达到资源的充分利用，有利于节约劳动力成本。

表 4-1　元数据及其提取实现过程

元数据	实现过程
主题词	（1）若文中明确使用"主题词"标明的，直接提取后面的词语作为主题词，否则根据主题词词典采用按范畴号分组提取主题词； （2）根据主题词词典从输入语句中寻找主题词作为候选主题词，为每个候选主题词设置词频和权重，相同词的词频和权重累加； （3）候选主题词根据词的范畴和信息进行分组，每组中的词按照权重从大到小进行排序； （4）统计每组词的个数，按照个数从大到小进行排序。
关键词	（1）在后台自动对文本的关键词进行提取，具体可通过对文本进行智能分词，根据算法获取关键词列表； （2）按词的权重进行排序，提取指定个数的词语作为关键词。
虚拟时间	（1）将所有关于日期的中文字词转换为阿拉伯数字，自动将两位数的年份转换为四位数； （2）没有年份、月份的可根据前一个日期进行追加； （3）支持字符的智能化识别和转换，如将"号"转换为"日"等。
虚拟人名	根据姓氏字典，提取虚拟人名。
公文种类	按照一定算法，对通告、通知、通报、决定、命令、公告、议案、报告、请示、批复、意见、函、会议纪要等常见公文种类进行自动识别和分类。

二、档案数据挖掘平台建设的途径

（一）项目可行性得到验证

现阶段，许多档案馆已经建设了相关数据挖掘的平台，证明了项目建设的可行性。档案数据挖掘平台在某种意义上可以说是智慧档案馆的一部分，但与智慧档案馆相比，它涉及的更偏向微观层面，而非智慧档案馆的宏观层面。智慧档案馆是从各个方面来进行建设的，从经济可行性的角度来看，这是一个极其庞大的工程，需要耗费巨量的资金。目前，全国各地很多档案局都在提这一概念，但从现有的实例来看，没有档案局成功完成这一概念的现实设计，充其量只完成其中一部分，却用着智慧档案馆的名称，这种提法显然是一个逻辑上的错误[①]。与如此庞大的项目相比，档案数据挖掘平台的建设更符合实际，并且已经有档案局建设成功，虽然最后的使用成果仍不是很清楚，但已从理论转向了实践，实现了从 0 到 1 的突破。综合来看，档案数据挖掘平台建设的可行性已经得到了验证。

（二）档案关联规则有待完善

档案数据挖掘是根据档案管理活动的流程进行设计的，在功能的覆盖面上能涵盖所有的档案管理工作，但在细节上仍有待改善，如现阶段的档案数据挖掘主要针对文本内容，对其他类型的数据并不能很好地处理，并且档案数据挖掘中规则的设定也有待完善，而规

---

① 张文元，张倩. 大数据技术与档案数据挖掘 [J]. 档案管理，2016（2）：33-35.

则主要来源于管理人员对各个门类档案所表达内容的主观判断。由于目前的档案数据挖掘平台是以监督学习为主、无监督学习为辅的架构来设计的，因此若要实现规则推理，则需要提前制定相关的规则，档案的门类越多，档案数据的维度会越大，所需的档案规则也会相应增多。同时，数据挖掘前期至关重要的档案分类与档案间存在的联系密不可分，明确的联系将有助于后续工作的进展，而许多档案间的关联性只有在实际利用时才能发现，所以这对档案工作者来说也是一个新的挑战，即在档案管理工作中需时刻留意各个档案间可能存在的关系，以此来拓宽档案数据挖掘的基础条件。

（三）算法优先选择问题待解决

档案数据挖掘平台的核心技术是数据挖掘，而数据挖掘的核心在于算法，许多档案数据挖掘平台在建设过程中并没有着重考虑算法的选择这一问题，设计方案中也一笔带过，对此没有详细说明。根据数据挖掘算法的不同特征，可以分为回归、贝叶斯、正则化、决策树、聚类、实例、神经网络、深度学习、降维、集成等几大类，每个大类下又有许多分支的算法，总共将近有百种，而不同算法在能处理的问题上也有所区别，算法的时间复杂度也各有千秋，因此对待算法的选择应慎重考虑，并采取试验的方法加以判断，以此来确定最符合本机构档案的优先算法。在实际的档案数据挖掘应用中，这一验证性的过程往往被管理者所忽视，为此可能会对日后档案数据挖掘的效果产生不利影响，给档案工作带来不必要的麻烦。综合来看，算法的优先选择势必在前期通过试验来确定，并且明确该算法所应具备的先决条件。

第六章 基于大数据的档案管理人员特点

第一节 档案管理现代化中的人文因素

一、以人为主体的人机系统

以人为主体，实现档案管理现代化、建立现代化档案管理系统的原因，主要体现在以下三个方面：

第一，人的认识的提高是实现档案管理现代化的前提条件。档案管理现代化，代表着一种先进的观念，那就是充分利用科学技术，提高档案管理效率与质量。因而，实现档案管理现代化，从某种意义上说，是一种先进理念对传统理念的代替。人的认识与观念的变化对档案管理现代化的影响，表现为两个方面：其一，要不要实现档案管理现代化，在一定程度上是由档案部门和档案管理人员（尤其是档案部门领导）决定的；其二，在档案管理系统中，由人进行具体的操作，即由人判别具体情况，根据需要配置适当的设备与软件，最终得到符合管理需要和利用需要的处理结果。

第二，有专业技能的人，是档案管理软硬件系统的开发者、使用者和维护者。即使是最先进的计算机系统或其他系统，都不能代替人的全部智慧和艺术。

第三，人是档案信息的主人。档案信息的处理、存储、输出、传递都由人来实现，而且都是为人服务的。

二、建立良好的人机界面

在实现档案管理现代化时，要充分体现让机器服务于人、建立良好的人机界面的设想，在设计档案管理系统应用软件时，需要表现以下几个方面：

（一）使用户操作方便简捷

例如，一项按常规分层本应被安排在第三层的功能，对某用户来说它又很常用，在界面设计时就应该考虑到这一因素、从而把这项功能适当提前放置。类似这种细微的考虑会令用户使用起来感觉方便很多。再如，一般图形按钮方式适用于功能较少、层次不多的场合，而下拉菜单方式则更适用于功能较为复杂的情况；对于综合性系统，二者结合起来使用效果会更好；对于较复杂的数据操作，则应考虑使用树状结构的图形做更直观的引导。

（二）注意减轻用户疲劳

由于长时间观看屏幕会使人感到一定程度的疲劳，因此，在界面设计时也要适当的注意，不能一味地追求复杂亮丽的图案，而要做到既能在必要时引起用户注意，又能让用户长时间观看不会感觉过度疲劳。例如，在设计时应尽量避免琐碎花哨的图案，少用大块对比强烈的颜色。一般规律是，鲜艳颜色在同一画面中不能多于两种，且最好只用于初始性或装饰性的界面，灰色则适用于长时间操作的界面；为避免操作者产生麻痹，除警告信息外，一般不使用红色；为避免分散操作者的注意力，画面中的活动图形最好不超过一个。

（三）通用软件的个性化

比较成熟的软件产品，或是一些通用系统，可能会有很多的用户。除了在功能设计上应当做到针对用户的特殊需求进行方便的改动外，在界面上也同样可以针对具体的用户采用不同的界面图形，以便突出不同用户的个性，让用户或操作者感受到这个软件是经过了量体裁衣而为其定做的，使通用软件到了特定用户手中也会觉得像专用的一样亲切。

三、更新观念、迎接挑战

方法和技能的更新是以观念的更新为先导的。档案管理现代化需要以更新观念为先导，这尤其可以从电子文件所带来的影响上直观地看出来。

国际档案理事会在 90 年代对于电子文件也予以了极大的关注[①]。首先是建立专门的电子文件委员会，并在 1996 年制定了《电子文件管理指南》，在各国征求意见，1996 年的第十三届国际档案大会也把电子文件管理问题作为一项重要议题来讨论。1998 年，在北京召开的国际档案理事会的电子文件管理、档案保护技术研讨会则继续了这种探讨。2000年在西班牙召开的第十四届国际档案大会，其中主报告之一就是"全球范围内的电子文件管理与利用"。由此可见，国际档案理事会和先进国家都开始重视起电子文件的管理问题。

随着我国"无纸办公"领域的扩张，我国档案界对于电子文件的研究也给予了很大的重视。 1996 年 9 月，国家档案局成立电子文件研究领导小组，下设《电子文件归档与电子档案管理概论》编研组、《电子文件归档与管理规范》研制组、《CAD 电子文件光盘存储、归档与档案管理要求》研制组，表明我国已经进入有计划、有组织研究的时期。国家档案局于 1999 年出版《电子文件归档与电子档案管理概论》，并草拟了《电子文件归档与管理规范》和《CAD 电子文件光盘存储、归档与档案管理要求》。

近几年来，档案工作报纸、杂志都刊发了许多有关电子文件的文章，尤其是 1998 年《档案学通信》第 1 ~ 6 期连载了冯惠玲教授的博士论文《拥有新记忆——电子文件管理研究》(摘要)，更是系统研究的力作；国家哲学社会科学规划办公室下达的 1999 年重点

---

① 　高俪瑕 . 探究档案管理工作的规范化和标准化 [J]. 科技资讯，2017(1)：116-118.

课题就有"电子环境的文件档案一体化管理"项目，2000年国家档案局也下达了科研项目——"关于电子文件管理的基础理论研究"；由国家档案局和中央档案馆印发的《全国档案事业发展"十五"计划》中，则专门在"工作任务"中设置"档案信息化建设"，具体规定需要解决有关电子文件归档与电子档案管理方面的五项工作内容；至2001年我国已出版"电子文件"管理方面的著作、教材5种。这些充分说明了我国档案界对电子文件的态度，也充分说明了我国档案界迎接电子文件与电子档案所带来的挑战的决心与所采取的有力措施。

我国档案界目前对于档案管理现代化的认识，还要注意以下两个方面：

第一，需要全面了解档案管理现代化所产生的效应。客观上说，档案管理现代化给我们带来了提高档案管理效率与管理质量的机遇，但我们更应该看到其带来的挑战。它要求我们要解决许多问题，比如人才、设备、经费和技术等问题。这些问题不解决，我们就应对不了档案管理现代化的挑战，也就不能真正地实现档案管理现代化。

第二，要明确现代化管理全面取代手工管理需要一个漫长的过渡时期。从目前国内外学者对档案管理现代化的一些论述，尤其是电子文件来看，有些学者对这个问题的认识存在着模糊性，出现了一些脱离实际的清谈论调，出现了许多玄虚的概念术语；而且这种风气也影响到了我国档案界，我们可以看到现在有些档案学术文章，也出现了某种清谈论调，不触及具体的实际问题，提不出具体措施，只作空泛之谈。这种风气的产生，非常不利于问题的解决，反而容易将人们的认识引向误区。

第二节　档案馆人员的个体素质

档案馆人员的个体素质，是指一个档案馆人员应具备的基本条件，具体地说，是指单个工作人员由德、识、才、学、体等基本因素组成的有机统一体。

由于档案馆存在着不同的职位，而不同职位对人员素质有不同的要求，因此，在配备工作人员时，应充分考虑其个体素质，并通过教育、培训等方式，不断完善个体素质。

归纳起来，档案馆人员的个体素质由政治素质、知识素质、职业道德修养、身体素质四个方面组成，下面分别对这四个方面加以阐述。

一、政治素质

政治素质是指档案馆人员的政治思想状况。对档案馆人员政治素质的要求，是由档案馆工作的性质和特点决定的。档案馆是政治性很强的机构，阶级社会的档案馆工作总是为统治阶级的利益服务的。社会主义的档案馆工作，有明确的政治目标和服务方向，以党的利益和国家利益为最高利益，是党和国家的科学文化事业机构；同时，档案馆工作还具有机要性。因此，在社会主义条件下，档案馆工作者必须具备较好的政治素质，即具有一定的马列主义修养，较高的社会主义觉悟，坚持四项基本原则，坚持改革开放，拥护党的路线、方针、政策，维护党和国家的历史真实面貌，严守党和国家机密，积极为社会主义现代化建设服务。

二、职业道德修养

职业道德，指以一定的道德指导职业活动。档案馆人员的职业道德修养，指档案馆人员进行专业活动时应遵守的行为规范和应具备的相应品质。

我国档案馆人员应具备的职业道德修养有以下几种：

（一）主动服务

档案馆是科学文化事业的组成部分，是科学研究和各方面工作利用档案史料的中心，它面向国家、面向社会，要广泛地为科学、文化、经济、政治等各项工作服务。为了最大限度地满足社会对档案的需求，档案馆工作人员必须改变传统的封闭、保守的思想观念和"看门守摊"的工作方式，变被动服务为主动服务，努力满足利用者的需求，节约利用者的时间，以实现档案馆工作的社会效益和经济效益。

（二）保守机密

档案馆所保管的档案，大部分是公开的，同时也有相当一部分是机密或限制利用的材料，因此，依法保守机密是档案馆人员的职责。同时，档案馆人员保守机密的行为，不仅仅出于遵守法律，而且应当成为一种职业素养。应培养他们严格的保密观念和良好的保密习惯，以确保档案的安全。档案馆人员最大限度地向利用者提供档案文件和遵守有关保密的法规制度，都是符合国家利益的，在注意严格保密的同时充分开发利用档案资源，是对立的统一。

（三）严谨细致

档案馆工作是一项科学性、技术性很强的工作，也是一项复杂、细致，有时甚至是单一、琐碎的工作。在档案馆工作，尤其是业务技术工作的各个环节，培养严谨细致、一丝不苟的工作作风，是改进档案馆工作质量，提高档案馆工作效益的前提。

三、知识素质

知识素质是指一个档案馆人员应具备的专业知识和其他相关知识。我国已明确肯定档案工作是一项专业工作，档案人员是专业技术人员队伍的组成部分[①]。档案馆作为一个独立的实体，档案馆工作是一项专业性很强的工作，如业务工作中收集、整理、保管、鉴定、统计、提供利用等各个环节均有其科学原理和实际操作技能。此外，由于档案的内容涉及

---

① 王琎 . 中国工商银行吉林省分行营业部人事工资管理系统的设计与实现 [D]. 吉林大学，2015.

人文与社会科学、自然科学、管理科学、工程技术等方方面面，要对馆藏档案进行科学的管理和加工，充分开发档案信息资源为社会服务，档案馆人员就必须了解和熟悉档案内容，必须掌握档案内容所包括的知识。因此，档案馆人员必须具有一定深度和广度的专业知识及相关知识。一般而言，档案馆工作人员应具备的知识由以下三个方面构成：

（一）政治理论知识

档案馆人员要学习马列主义和毛泽东思想，确定正确的立场、观点和方法，以辩证唯物主义和历史唯物主义的原理指导档案馆工作，研究档案内容，保证档案馆事业的健康发展。

（二）基础知识

基础知识主要包括：①语文知识。语言文字是档案馆工作，尤其是档案管理工作的基本工具。不具备扎实的语文功底就不能保证档案馆工作的质量。另外，书法功底也很重要。②历史知识。档案是历史材料，档案馆人员应具备一般的历史知识。对档案馆保存档案所针对的历史时期的历史知识，必须有一定程度的了解。③外语知识。随着档案馆馆藏的丰富，档案材料的语种也逐渐增多，这就需要档案馆工作人员具有一定的外语水平。此外，外语是档案馆进行对外交流的工具，掌握这一工具，对于宣传和扩大我国档案馆的影响，学习国外档案馆的先进理论和技术有积极的作用。

档案馆人员只有具备扎实的基础知识，才能熟悉和掌握档案形成的特点，正确揭示档案内容并以简练准确的文字表达出来，有效地开发利用档案信息资源。

（三）档案学知识

档案馆人员应系统地学习和掌握档案学知识。一方面，档案学的理论来源于档案工作实践，档案工作实践又迫切需要档案学理论的指导。作为档案馆工作者，要解决他在工作中所遇到的问题，就需要有较高的档案学理论和知识水平，即以档案学原理指导日常的档案馆工作。另一方面，将工作中出现的新现象、新经验上升到理论的高度来认识，在实践中不断总结、补充、发展和完善档案学的理论体系。作为档案馆的业务人员，应对档案馆学、档案学、档案管理学、科技档案管理学、档案保护技术学、文献编纂学、文书学、档案分类学等有较全面、深入的了解；对于档案馆管理者而言，也必须具有档案学、档案馆学的专业知识，才能适应档案馆工作专业性的要求，不断提高档案馆工作整体水平，实现档案馆管理的标准化、现代化。

（四）相关专业知识

档案馆工作涉及范围广泛，知识门类繁多，特别是在现代科学技术高度分化、高度综合的背景下，仅有档案学知识是不能胜任档案馆工作的。此外，档案馆馆藏档案内容丰富，要在档案收集、整理、保管、编研、提供利用的过程中进行正确的分析、研究，正确判断档案的价值，发挥档案的经济效益和社会效益，就必须熟悉档案内容，了解档案内容中所涉及的知识。英国利物浦大学档案馆馆长库克（Michael Cook）认为，档案工作人员要具有情报学、历史学、印刷学、方志学、档案保护学、图书馆学、法律学、社会学、建筑工程学、管理科学、教育学、出版学、语言学等广博的知识面。这些方面的知识在档案馆实际工作中各有侧重，并且应由不同人才进行不同组合才能实现。

四、身体素质

健康的体魄和充沛的精力是档案馆工作人员发挥才能、做出贡献的前提条件。从档案馆目前的具体情况看，不仅有脑力劳动，也有大量的体力劳动，档案馆的档案接收、整理、保管等基础工作，更是脑力劳动和体力劳动兼而有之，没有良好的身体素质是无法胜任的。良好的身体素质是档案馆工作效率的保证，因此，在档案馆人员应具备的素质中，身体条件是重要的条件。

第三节　档案馆人员的群体结构

一、档案馆人员群体结构的含义

（一）档案馆人员群体结构概述

群体不是个体的抽象的数学总和，也不是简单的个体集合，而是一个整体。它是具有一定的组织规律的有机组合，它建立在其成员相互依存和相互作用的基础上，并有特定的群体目标。

结构，组成一个整体的各个因素之间稳定的相互联系。任何事物都有其结构。一定的结构，可以使组成事物的各个因素发挥它们单独不能发挥的作用；相同的因素，由于结构不同，可以形成不同的事物；合理的结构会推动事物的发展，而不合理的结构会阻碍事物的发展。

档案馆人员的群体结构，也称人才结构，是指档案馆系统中各类人员的构成状况。

（二）档案馆人员群体结构与个体素质的关系

档案馆人员群体结构由档案馆人员的个体素质组成，它是全馆人员的思想意识、业务水平、智慧与能力及体力的综合表现。

1.档案馆人员个体素质的差异是建立群体结构的前提

档案馆人员个体素质的差异既有自然因素又有社会因素，既有生理因素又有心理因素。归纳起来，主要有以下几个方面：①年龄差异。不同年龄的工作人员在智力、能力、精力、工作经验以及对待工作、生活的态度和价值观念上都有较大的差别。②知识水平的差异。表现为档案馆工作人员在所受教育的程度、直接和间接获得的专业知识及相关知识的数量与内容上的差异。③智能差异。这种差异即综合运用知识的能力上的差异,包括自学能力、研究能力、思维能力、表达能力和组织能力等。这种差异表现在质的方面,就是具有不同类型的智能;表现在量的方面,就是具有不同的智能水平。④性格差异。档案馆人员在气质性格上也具有很大差异,如肯定型(积极型)、否定型(消极型)、内向型、外向型及折中型。对于档案馆来说,应正视人的个体素质差异,使档案馆人员在年龄、知识、智能、性格气质上互相补充、相得益彰,适应档案馆不同工作内容的要求。

2.档案馆人员的群体结构并不是个体素质的简单相加

群体结构取决于将个体素质按照一定的方式、比例组合成最佳结构,使全馆不同层次、不同类型的人才,都能放在最适宜的岗位上,各得其所,各尽其能,以调动一切积极因素[①]。此外,群体结构并不是一成不变的,由于其构成因素的运动,又由于外界环境的影响,群体结构是不断发展变化的。档案馆人员群体结构也是可以有意识地加以改变的。

二、档案馆人员群体结构划分

档案馆人员的群体结构是一个多序列、多层次、多要素的综合体。群体结构可分为不同的方面,如职类结构、专业结构、知识结构、智能结构、年龄结构等。群体结构就是这些方面的有机组合。

(一)职类结构

职类结构指档案馆内从事不同职能活动的人员数量、比例及相互关系。档案馆人员包括管理人员、业务技术人员、后勤辅助人员三大类。档案馆作为一种科学文化事业机构,在人员构成上以业务技术人员为主,以保证档案馆各项业务工作的开展。同时,必须有一定数量的管理人员和后勤辅助人员对业务技术人员及其活动加以组织、管理和给予各方面支持。因此,这三类人员必须有合理的构成比例。如《地方各级档案馆人员编制标准》中规定,在生活后勤工作独立的档案馆可按不超过业务人员的20%增加编制。档案馆如果单独管理人、财、物,专业人员与行政人员的比例,一般可为5∶1。

(二)专业结构

档案馆人员的专业结构,指为档案馆进行业务工作所需要的专业职务的构成。专业结构,不是由档案馆中各成员都具有同等的专业水平组合成的平面结构,而是由高、中、初级不同知识水平的人,按一定比例构成的立体结构。按照国家档案局制定的《档案专业人员职务试行条例》,为了与档案馆所承担的工作任务相适应,档案馆高、中、初级档案专业职务的限额应有合理的比例,从而为建立档案馆合理的专业结构提供了依据。其中高级档案专业职务指研究馆员和副研究馆员,中级指馆员,初级指助理馆员和管理员。

一般而言,档案馆人员专业职务构成可以呈梯形,即初级专业职务为多数、中级专业职务次之、高级职务较少。随着档案馆事业的发展,也可以形成纺锤形,即高级和初级专

---

① 李婷婷.企业电算化会计档案管理研究[D].云南大学,2016.

业务职务较少，而中级专业职务居多。

（三）知识结构

知识结构，是指档案馆内具有不同知识背景、知识水平的人才的组成状况。根据档案馆类型及档案馆内管理及业务活动的特点，不同的档案馆要网罗具有不同知识、技能的人才，从而构成合理的整体知识结构，适应档案馆工作的要求。一般而言，档案馆除应有足够的档案专业人才外，还应有历史、现代科技、外语等不同学科人才。就我国目前状况来看，大型综合性档案馆往往保存有较大数量的明清档案或革命历史档案，历史档案管理及档案编纂方面的任务比较突出，因此，需要一定数量的具备历史知识的人才；而科技档案馆则需要具有科学、工程技术方面知识背景的专业人才；如果馆藏中有一定数量的外文档案，则要求档案馆人员具备相应的外语知识和水平。

（四）智能结构

智能结构是指具有不同智能类型和不同智能水平的人才在档案馆中的合理配置。一方面，组织中智能结构的最佳组合并不是同一智能类型的人才的组合，而是不同智能类型的人从事不同的工作，如让善于组织的人员从事管理、协调方面的工作；让擅长研究的人员从事史料研究及编纂；让条理性强、仔细认真的人从事常规性工作，如按照较为固定的程序和标准对档案文件进行整理、编目、借阅以及库房管理；让思想活跃、不墨守成规的人从事非常规性工作，如咨询服务等。另一方面，还要注意使智能水平不同的人处于不同级别的工作岗位上。将具备不同智能的人员搭配好，将减少内耗，使整体功能得到有效增值。

（五）年龄结构

年龄结构是指老年、中年、青年组成的综合体。不同年龄的人常常具有不同的智力水平和心理特征，年轻的档案馆工作人员思想活跃、精力旺盛，容易接受新思想、新技术，不局限于传统、常规，但往往缺乏实际工作经验，价值取向不稳定；中年人思维敏捷，精力充沛，处于智力和能力充分发挥的最佳时期，是档案馆工作的骨干；老年人具有成熟的人生观和丰富的工作经验，但较为保守，不易接受新的观念。建立合理的年龄结构，应根据不同年龄的档案馆人员在知识水平、工作经验、心理特征等各方面不同的特点，适当调配老年、中年、青年的人员比例，使不同年龄的工作人员都能充分发挥其能力，愉快地工作，和谐地相处，并适应和体现档案馆工作不断发展、连续过渡的要求。

第四节 档案馆人员的培养与教育

档案馆人员的培养和教育，是档案馆人员管理的重要内容之一。主要包括两个部分：一是学校教育，也可称为"一次性教育"，包括档案高等教育、中等教育等形式；二是在职教育，包括继续教育和全员培训。1985年6月，国家教育委员会和国家档案局在四川省联合召开全国档案学专业教育改革座谈会，讨论通过了《关于发展和改革档案学教育的几点意见》，提出了"积极稳妥地发展高等教育，有计划地大力发展中专教育，积极发展在职教育，合理调整教育结构"的方针，为我国档案馆人员的培养与教育指明了方向。

一、档案馆人员培养和教育的目的和原则

（一）档案馆人员培养和教育的目的

档案馆人员培养和教育的主要目的有两个：

1. 知识的获取与更新

现代档案馆工作及管理过程中广泛地运用了先进的科学技术知识，档案馆人员可以在工作前的学校教育中获取这些知识，也可以在工作中不断地补充和更新。

2. 能力的发展

档案馆工作是专业工作。为了有效地从事这项工作，档案馆人员必须具备职业要求的基本能力，如基本素养、基本技能等，并在职业活动中不断提高其能力。

（二）档案馆人员培养和教育的原则

1. 教育和培训系统的结构应与职业结构相一致

档案馆人员的教育结构与层次应适应档案馆工作岗位结构与层次的需要，这样才能做到人尽其才、才尽其用。

2. 按需施教，学用一致

教育和培训的内容应从档案馆的实际出发，普及与提高并举、系统性与更新性相结合。

二、档案专业的学校教育

档案专业的学校教育是培养档案馆人才的主要渠道。目前，我国的这一系统包括高等教育和中等教育两个层次。

（一）档案高等教育

从培养方式上来说，档案高等教育主要有博士生、硕士生、本科生、大专生四种类型。

1. 博士生

博士教育主要培养档案理论技术研究的高级专门人才。博士生学制3年，学习期满后通过论文答辩获得博士学位。

2. 硕士生

硕士生教育培养档案学理论技术研究和教学的专门人才。目前，我国档案硕士生教育分为两种情况：第一种是硕士研究生，学制3年，学习期满后，通过论文答辩获得硕士学位。第二种是研究生班，学制2年，在校学习期间不作毕业论文，不授予硕士学位，享受研究生待遇。

3.本科生

本科生教育培养高级档案管理和技术人才。学制 4 年,学习期满后通过毕业论文答辩,授予学士学位。近年有的院校实行"双学位制",即毕业生同时获得档案专业和其他专业两个学士学位。

4.大专生

档案大专生培养高级档案专业技术应用人才。学制 2 ~ 3 年,按招生、分配和管理体制分两种:第一种是经教育主管部门批准在正规大学内办的大专班。第二种是地方政府或主管部门批准在社会大学办的大专班。

(二)档案中等教育

档案中等教育包括档案中专教育和档案职业高中教育两种类型。

1.档案中专教育

学制 2 ~ 4 年,培养从事档案管理工作的中、初级技术人才。招收对象为初中生,学习普通高中文化课程以及档案专业基础知识和档案业务基本操作技能,毕业后到档案部门从事档案管理工作。档案中专是近年来档案教育发展的一个重要方面,全国各地普遍开办了档案中专教育。

2.档案职业高中教育

学制 3 年,为本地区培养从事档案管理的一般技术人才。招收对象为初中毕业生,在校学习文化课和档案专业基础课,毕业后由档案部门择优录用。

这些不同层次、不同类型的档案专业为档案事业,包括各级各类档案馆培养了大量专门人才。我国档案馆专业人员队伍在 80 年代有了较快发展,在 90 年代初期初具规模,专业人才培养与需求之间的矛盾逐步缓和,这与我国档案专业学校教育的发展和完善是密切相关的[①]。此外,档案专业的学校教育,也为今后档案馆专业人员的补充提供了保证。为了档案馆各项工作顺利进行,档案馆专业人员的素质必须有保证,即进入档案馆从事业务工作的人员,必须有规格,有标准。档案专业的学校教育,为档案馆提供了人才基地,为保证档案馆新增工作人员的高质量提供了条件。

三、档案馆人员的在职教育

在职教育是现代档案教育体系的一个十分重要的组成部分。虽然我国档案学校教育已发展到一定规模,但所培养的档案人才还远不能满足档案馆事业发展的需要,在档案馆人员中还有相当一部分没有受过专业教育。为了提高现有档案馆人员的素质,改变档案馆人员的专业知识结构,有必要开展在职教育。特别是随着我国档案事业的发展,档案工作现代化程度的提高,现有档案馆人员知识更新日趋加快,在职培训就显得越来越必要和紧迫。

继续教育和全员培训是在职教育的两种基本形式。1993 年中共中央、国务院制定的《中

---

① 苗欣.企事业档案管理业务外包研究 [D].北京林业大学,2016.

国教育改革与发展纲要》中指出:"把岗位培训和继续教育作为发展的重点,重视从业人员的知识更新。"其中"岗位培训"是全员培训的一种形式。

全员培训与继续教育的区别在于:就培训内容而言,全员培训是以基础性、资格性的达标培训为主,而继续教育则是以更新、拓展、加深知识的提高教育为主。因而,就目的而言,前者的目的是为满足上岗、转岗等岗位工作的需要,而后者除了要满足岗位工作的需要外,还要适应科学技术的发展需要,不断拓宽专业技术人员的工作领域,更好地发挥他们的才智和潜能。

(一)档案馆人员的继续教育

继续教育是整个人才教育培养体系的重要组成部分,是解决档案馆在职人员学历的主要形式。它主要由各类成人教育机构来组织管理,如业余大学、夜大学、干部进修学院、电视大学、函授学院等。各类办学形式都有明确的培养目标,学制2~5年。课程设置以政治理论和档案专业课为主,辅以文化基础课和外语,并根据需要开设一些专题讲座和选修课。学历多是大专层次,也有的是本科层次。参加学习的档案人员大多不脱产,即利用工余时间学习。有的半脱产,占用少量的工作时间上课,利用业余时间自学。

在对档案馆人员的继续教育中,要注意针对档案馆业务工作特点设计教学内容。教学中既要有更新、提高性质的,如档案馆工作现代化、标准化、法制化等方面的内容,也要有补充性质的,如近年来国内外档案学、档案馆学研究的新成果、新知识等内容。

(二)档案馆全员培训

全员培训是利用较短时间对在职人员实施的档案教育,它以使档案馆人员及时获得必要的知识、技能、经验或更新思想观念为主要目的。其特点是周期短、见效快、针对性强、实用性高,是大规模地培训档案馆人员的有效途径。因此,各级各类档案馆广泛采用全员培训的方式来提高现有档案馆人员素质,达到优化人员群体结构、提高档案馆工作效率的目的。

从内容上看,全员培训可分为两种:①政治理论与思想道德培训。主要内容是学习马列主义哲学、近代史、中国革命史、党史、党和国家有关方针政策,宣讲职业道德等。②岗位专业知识培训。培训内容根据档案馆不同工作岗位实际需要,依照职位、专业、层次的要求来安排。

从培训对象上看,分为管理人员、专业人员及辅助人员培训三种形式。对档案馆管理人员,一般以提高理论水平,掌握档案学及档案馆学理论、方法、技术的发展动态以及提高解决实际问题的综合能力为主要内容。对档案馆专业人员,则是进行适应性训练,以使其胜任本岗位工作。对辅助人员,则是提高实际工作能力,强化劳动纪律。

从形式上,可分为以下几种:

1.业务培训班

业务培训班是普及档案馆业务知识的学习班,是全员培训的一种主要方式。培训班不受时间、地点限制，培训内容灵活而结合实际，能在短时间内使学员掌握档案业务理论和工作方法，是常见的档案人员培训方式。凡缺乏专业知识的档案馆人员都可以参加。

2. 业务讲座

一般按专题组织。根据档案馆工作实际，将某一专题的理论与实践两个方面结合起来进行深入浅出的讲解，具有较强的针对性和普及性。

3. 业务报告

业务报告是针对某一业务问题，尤其是带有普遍性的疑难问题的专题报告，也有评述介绍某一学术研究课题的研究成果的学术报告。它有助于档案人员对某一具体业务或学术问题的了解。

4. 业务理论研讨班

这是针对某一专题或某一研究方向而组织的较高层次的培训方式。参加学员为具有一定研究能力的业务骨干。定期或不定期举办专题业务理论研讨班，使业务骨干互相交流、沟通信息、共同研讨，有助于推动档案科研活动深入开展。业务理论研讨班是提高档案人员理论水平和业务能力的一种有效方式。一般要求写出研讨报告或研究论文。

5. 在职进修

选送在职档案馆人员到有关高校和档案馆进修档案基础知识，或深造某一专题理论和操作技术，以提高业务能力。

6. 岗位培训

岗位培训是按照档案馆工作所设不同岗位的任职要求，针对在职档案馆人员的不同年龄及不同文化程度所进行的定向培训活动。目的是提高现有岗位档案馆人员的实际任职能力。对工作人员进行继续教育和在职培训，是保证工作人员具有良好素质的战略措施。每一位具有远见的档案馆领导者都应重视这一工作，并在工作安排、学习时间、学习经费、福利待遇等方面给予受继续教育的工作人员以方便，真正为他们的学习创造有利条件。

第七章 基于大数据的档案资源建设的理论研究

第一节 大数据与档案资源开发利用

本节以大数据与档案资源开发利用为主要对象，结合实际工作中档案资源开发所带来的优势和特点，分析大数据档案资源开发利用的意义，同时详细分析利用大数据进行档案资源开发的策略，如以信息化手段开发档案资源、以私有云保障，推进数字档案建设、利用大数据进行档案资源的深度挖掘等，以更好地推动大数据技术和档案资源优化和升级。

随着现代科学技术的不断发展和创新，数字化时代逐渐拉开序幕，这就意味着传统数据记录、保存和存档的方式大部分会被更为新型的新式数据记录方式所替代，而在这些迅速发展的新式数据记录中，大数据与档案资源以高效性、及时性等优势特点成为各行业和社会范围内容的重要发展的数字技术之一，并在各行业和档案事业发展与管理中逐渐占据不可或缺的地位。

一、利用大数据进行档案资源开发利用的意义

利用大数据进行档案资源开发利用对于科学技术、行业发展和档案事业运行来说都有着重要作用，结合实际中其所发挥的作用以及所占据的地位，将其开发利用的意义主要分为两种：战略意义和优化意义。

（一）战略意义

战略意义是大数据进行档案资源开发利用的最明显、最首要的意义，因为大数据和档案资源的出现就是在经济市场不断全球化的情境下，为了不断满足战略投资者对数据信息采集、整理和分析的需求，而在现代技术和管理模式上创新和推动出来的。大数据中存在的数据库平台能够将信息技术上传者所上传的内容自动进行保存、筛选、分类与归档，包括后期的信息更新和维护，形成庞大却不繁乱的专业信息数据库，内容覆盖整体档案事业，甚至整个行业。数据信息利用者可以通过这个管理平台，结合自身需求和目标，对数据信息进行调取，全面且专业的数据内容，保障战略规划和发展的准确性和正确性，进而进一步发展。当然，因为档案资源覆盖全面，从一定程度上来说，其也是档案事业或者行业的

稳定基础，数据信息变化不是盲目变化，而是有一定规律，即有因必有果，故对管理者的优化和更新措施也有着战略意义。

（二）优化意义

如果说大数据档案资源开发利用的战略意义展现的是目标，那么优化意义所展现的就是基础。由于我国经济行业和科学技术起步较晚，整体数据信息发展趋势缓慢、开发和管理模式落后，大数据和档案资源的出现，打破并创新了传统的数据信息管理模式，数据信息载体方式改变，技术人员工作方式创新，则相应的模式不断调整，逐渐由封闭性转变为开放性，由烦琐、冗长的管理流程变为高效简单的管理流程。传统数据记录方式和模式带来的局限性、烦琐性等问题，被大数据技术下的档案资源管理所优化，并有效拓展了数据信息的载体种类、传媒方式，单一内容转变为多元化内容，数据信息传输也相应改善和转变，进而信息数据采集和传输中时间明显缩短，数据信息内容保障真实性和及时性。综合大数据下庞大的信息内容，就能够满足开发利用的需求，即利用最少的成本发挥出最大的经济效益，进而实现整个档案行业的优化升级，提高档案数据的利用效果，为整个行业的发展夯实基础。

二、利用大数据进行档案资源开发利用的策略

近些年来，随着我国社会的发展，大数据技术得到了快速的发展和推进，进而实现了大数据技术在档案资源开发中的应用。而上文中详细分析了利用大数据进行档案资源开发利用的两种意义，明确其存在和发展的重要性和必要性，为了更进一步对大数据与档案资源了解，下文将从实际应用中的三类利用策略进行分析和叙述。

（一）以信息化手段开发档案资源

利用大数据进行档案资源开发利用的首要策略就是以信息化手段开发档案资源，信息化不仅仅是将纸质的信息数据内容转变为数字化信息，还要将整个流程尽量数字化和网络化。再加上大数据是在计算机技术基础上建立的，则信息化手段开发档案资源基础就是结合不同地区和行业的需求，建立起相应的信息数据系统，以供大数据的信息数据进行档案管理保存、处理等，明确系统运行的各项流程内容，先确定主体流程，然后补充各个流程中细节内容，以及相关的工作标准、管理制度，并同时按照档案自身内容的特殊性、重要性等等，对档案资源管理系统中的软件功能进行再设计，保证系统运行和软件功能相互匹配，确保档案信息管理的安全性和准确性。另外，建立专业的档案技术团队，定期对技术人员进行技能培训，及时对系统和软件进行功能更新和运行维护，保障大数据下档案资源正常使用的同时，减少由于系统出现问题造成档案损坏等问题，维护档案内容的管理水平。可见，在实际的工作中，以信息化手段开发档案资源，能够实现档案资源开发的最优化，提高档案资源的利用效果，推动整个行业的快速发展和不断进步。

（二）以私有云保障，推进数字档案建设

虽然在数字化时代快速发展趋势下，档案数字化建设是必然，但是对于部分新兴行业和档案事业来说，一是没有足够的资金和人才支持，二是数字档案建设的风险性带来的损失无法承担。前者的问题可以通过引入各类新型的融资资金来解决，而后者则需要更新推进数据技术的发展，采用了私有云保障，建立立体式数字档案馆。这种立体式数字档案馆存在信息采集编辑、存储安全、服务平台完善的优势，对于没有足够技术保障的数字档案建设者特别适合，且该类还存在私有云的独立设置，主要针对数字档案中存在的私密和重要内容，不同档案库建设者有着不同的私有云，不仅仅能够阻挡网络对档案系统的恶意攻击，还能对数据信息内容进行加密和加权，只有建设者所处平台可以进行查询，而其他建设者不可进行查询，有效保障了数字档案的安全性、私密性和真实性。且私有云中存在着各种信息储存方式，不局限于纸质、视频等，丰富档案内容的同时，加强了对各类网络档案信息资源的收集和组织，为数字档案建设者提供了更为全面化和准确性的信息内容，建成更为高质量的数字档案信息库。另外，还应该进一步开发网络技术和信息化技术，将数字档案建设工作进行深化和发展，从而提高数字档案建设的质量，满足档案建设的发展需求，促进档案工作的高质量进行。

（三）利用大数据进行档案资源的深度挖掘

除了以上两种开发利用的策略以外，就是利用大数据进行档案资源的深度挖掘。前文在战略意义中，也曾提及档案资源并不是随意变动的，因为档案中除了基础信息内容以外，一部分是行业和档案事业中重要信息内容，包括试验数据、项目内容等等，这些数据变化一定是有原因的，档案建设者可及时对档案数据进行跟进，科学规划和选择未来发展和投资方向，促进自身技术和能力成长。从总体来看，大数据技术虽然渗入各个行业，但是其自身在档案资源开发方面尚未成熟，在制度、模式和人才方面都存在着诸多问题，相对应地存在着巨大的发展空间，在相关法律法规基础上，完善管理制度内容和标准内容，不断创新和优化管理模式，并积极招募和培养多元化的专业人才，综合分析和利用数据技术、资源，为行业和高新技术发展提供更加优质的服务。

大数据与档案资源作为现代互联网技术和信息化数据的重要基础内容，在数据信息疯狂增长的模式下，必然成为各个行业和档案事业进一步发展、创新和优化的必要基础，则针对大数据与档案资源开发利用分析，必要且重要，明确数据信息档案的战略重要性和优化创新重要性。在现有的开发利用基础上，不断推进和优化开发利用的种类和方案，完善相关的制度内容，通过科学技术不断辅助推进，利用大数据进行档案资源的深度挖掘，进一步促进大数据与档案资源的开发利用水平，以维护各个行业健康稳定发展。

第二节 大数据时代档案资源共享探析

大数据时代，数据已经成为最有价值的资源，同时为了加快公共数据资源的共享，国家推出了相应的管理办法，可见资源共享已经成为当前一项值得关注的问题。本节分析了大数据时代档案资源共享的意义，探究了大数据时代档案资源共享的实现路径，希望有助于提升我国信息资源共享水平，并在此基础上促进我国各个行业的快速发展。

随着大数据技术的不断发展，数据资源共享已经成为当前我国社会亟待解决的一个问题。大数据技术的应用以大量的数据资源为基础，而当前我国的现实情况是，大部分的数据仍旧掌握在各个企事业单位以及政府等机构的手中，想要从公共渠道获得大量有价值的数据仍旧具有一定的难度。基于此，为了推动大数据时代各行各业的发展，促进我国各行各业的数据资源共享工作的开展，国家出台了相关的文件，加速推进政府政务信息的数据资源共享工作，并以此为基础推动其他机构数据资源共享工作的开展。对于笔者所在的疾控中心档案管理部门来说，其管理着大量极具价值的疾控档案，这些档案在生物科研、医学研究、疾病预防等方面都起着非常重要的作用，因此推动疾控中心档案资源的共享是促进相关领域快速发展的一个基础条件，必须对其加以重视。

一、大数据时代档案资源共享的意义

大数据时代，实现档案资源的共享具有非常重要的意义，尤其是疾控中心的档案资源。疾控中心的档案资料中涉及疾病的传播、预防控制等内容，其中还包含一些具有代表性的案例，对我国的疾病预防和控制工作有着非常重要的指导作用。不仅能够促进地区疾控部门对本区域内经常发生的一些传染病有正确的了解和认识，并从中寻找合适的预防控制方法，而且也是各地疾控部门相互之间进行交流学习以及经验借鉴的重要资料，疾控中心档案资源的共享可以促进全国疾控水平的进一步提升。另外，疾控中心的档案资源同时还能为我国的医疗科研机构提供重要的参考资料，从而促进我国医疗水平的提升。由此可见，大数据时代，疾控中心档案资源的共享具有非常重要的意义。

二、大数据时代档案资源共享的实现路径

大数据时代，想要实现疾控中心的档案资源共享，应当做到以下几点：

（一）档案资源标准化处理

档案资源的标准化处理是影响数据共享的一个重要问题。疾控中心只有将自身拥有的档案资源按照统一的数据处理标准进行处理后，才能保证数据传输、交换工作的顺利进行。针对这一问题，国家疾控中心应当制定统一的档案资源数据处理标准，并且促使下级疾控

部门按照规定的标准进行档案资源的整合和处理，使各地区疾控部门的档案资源能够在一个共同的数据平台上实现共享。而各地区疾控部门应当严格遵照相关要求进行档案资源的标准化处理，这样才能实现疾控中心档案资源的全国共享。

（二）档案资源信息化管理

疾控中心档案资源的共享需要全国各地的疾控部门共同配合才能实现，因此必须推动各地疾控部门档案资源信息化管理工作的进行，只有在信息化管理的条件下，各地疾控部门才能将相关档案资源经过标准化处理后录入疾控中心的数据共享平台，从而实现其档案资源的共享。而这一工作的实现，不只要求其他部门的协调帮助，而且部分地方疾控部门需要更新相关设备才能对相关的档案资源进行标准化处理。另外，国家疾控中心需要建设功能强大的数据资源共享平台，并对其进行必要的安全管理和信息维护，只有这样才有可能实现疾控中心的档案资源共享。

（三）引入专业技术人才

档案资源共享的实现涉及的工作内容非常多，而且由于各地疾控中心的档案资源数量巨大，因此其工作难度也就更大，对工作人员的技术要求也相对较高。不仅要求工作人员掌握档案管理、医疗卫生方面的知识，还必须掌握相关的数据处理技术，这样才能完成档案资源的标准化处理和档案资源信息化平台的管理工作。基于此，疾控中心需要引入相关专业的技术人才，才能保证档案资源共享工作的顺利实现。疾控中心应当从各种渠道招聘掌握专业技术的人才，同时还要对现有的档案管理人员进行专项技术培训，使其能够逐渐掌握所需的相关技术，从而促进档案资源共享的实现。

大数据时代，档案资源共享已经成为各行各业的一个必然趋势。而对于疾控中心来说，想要实现档案资源的共享，除了应当建设功能强大的数据资源共享平台外，还应当制定统一的档案资源处理标准；除了促使各地疾控部门实现档案资源的信息化管理外，还应当根据实际需要引入专业技术人才，只有这样疾控中心的档案资源才能顺利实现共享。

第三节　大数据时代档案信息资源共建

随着移动互联网、Web2.0、物联网（IoT）、云计算等信息技术的飞速发展，我们已经迈入以深度挖掘数据价值为核心的大数据时代。

大数据时代也使档案信息资源发生了前所未有的变化，档案信息资源共建已然成为必然趋势。但是，档案信息资源共建通常受多种因素的影响，比如馆藏类别的差异、技术平台的限制、标准化程度不高等。因此，大数据时代，档案工作者如何变革其管理思维，创新档案信息资源建设方式，构建一体化的共建体系，实现大数据引领下的档案信息资源共享已成为当务之急。

一、大数据时代档案信息资源共建的必要性

大数据时代档案信息资源共建即采用网络信息技术，对档案信息资源进行有效地收集、存储、整合及管理，并将档案系统与其他相关系统（如图书馆、博物馆、其他相关机构等）互联，建立一体化的档案信息资源共建平台，借助档案信息资源平台的互通互惠而获得有效地档案信息资源，使用户可以通过线上或线下查询所需的档案信息，实现档案信息资源最大化利用和社会共享。

（一）有利于加强信息服务的网络化和多元化

大数据技术的应用使档案管理系统产生了强大的检索、查询、分析、存储数据等功能，能实现远程网络数据传递，自动翻译多种语言文字等，提高了信息资源利用效率。同时，覆盖社会大众的档案信息建设平台利用云计算、数据挖掘、可视化等技术，加速了档案信息资源的知识化转向，形成了覆盖地域广泛、语言种类丰富的档案信息资源，展现了大数据环境下拓展信息资源、延伸信息服务的无限可能。

（二）有利于档案信息资源的利用和共享

大数据时代档案信息资源共建能满足不同群体的用户检索、查询等需求。用户可在不同网络范围、不同地域单位内高效利用档案信息资源。档案工作者借用信息技术挖掘现有信息资源的潜在能量，有利于整合、集成各类数字档案信息资源，使档案信息资源增值增效。

（三）有利于提升档案信息资源管理的规范化

大数据时代档案信息资源共建能够利用现代化信息技术及时有效地对信息资源进行整合，形成完整的档案信息数据库，不断更新档案信息资源，保持资源数据库的动态运行。同时有利于实现各级各类档案部门之间的办公协同以及档案信息资源的互联互通，提高档案信息资源管理的规范化。

二、我国档案信息资源建设现状

新《档案法》中明确提出，推进档案信息资源共享服务平台建设，推动档案数字资源跨区域、跨部门共享利用。但就目前我国档案信息资源共建情况来看，更多地表现为各档案管理部门之间档案信息资源共建参差不齐、技术推进不均衡、标准化体系建设滞后、存在诸多网络安全隐患等问题。特别是不同类型、不同地区的档案管理部门对档案资源共建的投入与支持力度不同，造成各部门之间共建关系难以构建，共建标准化体系仍不够完善，资源建设后续乏力。要实现档案信息资源的高效利用、数字化存取、网络化服务，就必须厘清档案信息资源建设现有的问题并加以改善，促使档案信息资源发挥最大效能。

（一）档案信息资源共建主体共建意识不强

传统档案时代，部分档案人员共建协作意识淡薄，没有从根本上树立共建理念。国内档案部门通常都是独立设置，分离运作，缺少跨行业、跨部门的合作交流，部分档案工作者"重藏轻用"的思想依然存在。同时，部分档案部门只强调档案信息化设施的投入，却忽视了用户利用需求的改变，影响了档案信息资源共建效果。

（二）档案信息资源共建技术发展不均衡

目前，虽然我国档案信息化建设工作有了一定发展，但档案信息资源共建的信息技术推进不均衡，部分地区技术水平相对落后，档案信息资源网络的建设、应用软件的开发等进展缓慢，导致我国档案信息资源共建的整体技术水平难以追赶大数据时代技术飞速发展的步伐。

（三）档案信息资源共建尚存在安全隐患

大数据时代，档案信息资源的收集、鉴定、归档、保管、整合、利用到最终销毁，都离不开计算机网络等软硬件设施，这就导致档案信息资源共建过程中不可避免地存在安全风险，比如档案信息资源的保存环境安全问题、网络环境安全威胁问题以及信息泄露安全问题。

三、大数据时代档案信息资源共建策略

大数据时代，档案信息资源共建已势在必行，并且迎来了新的发展契机。笔者认为可从主体、内容、技术、服务、安全等方面探究大数据时代档案信息资源共建实现策略。

（一）主体方面

档案信息资源共建主体是指档案信息资源共建中的利益主体，也就是共建动力的实施者。大数据时代，单凭单一机构构建的档案信息资源已不能满足信息化社会的发展要求和用户多样化多层次的利用需求，必须联合其他相关机构，借力合力，挖掘档案资源最大价值，满足用户的利用需求。

档案部门。当前，各级各类档案部门仍然是档案信息共建的中坚力量，对档案信息共建工作起着引领和指导的作用。各档案部门应围绕相同的共建目标，宏观布局和科学规划，建立起统一的合作组织，以达到档案信息资源共建的目的。

图书馆、博物馆、档案馆。图书、文物、档案都与社会文化信息资源紧密相关，且具有一定的共性，构成了共建合作的基础。大数据时代，信息技术的发展与应用打破了图博档信息资源共建的技术桎梏及时空限制，而是在科学指导下对信息资源进行有机整合，并挖掘其潜在价值。

社会公众。大数据环境下，社会公众参与档案信息资源共建使档案部门不仅能够将由于人力、财力的限制而无法充分开发的档案资源开放给社会公众，而且能够有效地契合档

案信息资源的利用口径，使档案信息资源价值最大限度发挥。

（二）内容方面

随着信息技术的飞速发展、数字资源的不断涌现，人们开始重新审视档案信息资源的内涵及外延，传统的纸质档案已不能满足档案资源需求，档案资源体系不仅要包括各种载体的电子文件，也应将文化类、政务类、民生类等各类档案纳入其中，而公众对于各种特色馆藏资源以及多渠道多形式的档案利用需求与日俱增。

传统时代环境下，特色馆藏资源需要大量人力、物力、财力集中建设，同时囿于地域范围及专业技术的限制，建设效果往往不理想。大数据技术的普遍应用突破了时间与地域的限制，为特色馆藏的建设提供了有效的技术保障。同时，档案机构可通过档案官网、微信公众号、抖音等新媒体平台丰富档案信息资源内容，加快档案信息资源建设。

（三）技术方面

档案部门借助新兴网络信息技术，可以降低共建成本、提高工作效率，为用户提供更便捷更多元的信息服务，促使档案信息建设发展良性循环。

完善检索方式和工具。大数据时代，用户追求高效率、高性能的检索方式。档案部门需建立完善的档案信息数据库，并对其系统、清晰地分类，有效解决检索源缺乏的困境。同时，提供多样的检索工具，满足用户的多种需求。此外，要设置合理的检索途径，检索语言避免过于专业化。

跨领域实现数字编研。大数据时代背景下的档案编研，呈现出高科技化与专业化的特点。档案部门可以开展跨领域合作，实现大数据时代的数字编研，与多种专业人才合作，实现优势资源互补。

（四）服务方面

档案信息共建事业要想获得长足发展，必须要求变革档案服务思维，结合大数据时代特点，提升档案工作者综合素质，用创新的理念为用户提供个性化的服务，满足用户多元化的服务利用需求。

转变服务观念，提升档案队伍整体水平。大数据环境下，档案信息资源建设的每一个环节都发生了巨大的变化，这就要求档案人员要提高自身专业素养，转变服务观念，以用户需求为中心，完善、利用和挖掘档案信息资源，更好地服务社会。

以用户需求为中心，提供个性化服务。大数据环境下，档案部门要树立"以人为本"的服务理念，针对不同用户的特点和需求，创新服务方式，提供个性化的档案信息资源收集、推送服务，实现个性化服务。

（五）安全方面

大数据环境下，数据信息共享利用过程中不可避免地将给档案信息资源共建带来安全隐患。如何消除其安全风险，构建大数据环境下的档案信息资源安全保障体系呢？笔者认为应主要从以下两个方面来着手：

人员层面。大数据环境下，要加强档案工作者的安全责任意识，提高其安全管理能力。通过构建档案安全管理制度、安全管理培训机制及安全管理奖惩机制，保证档案工作人员高度的安全责任意识。加强网络安全知识宣传，定期开展档案工作人员网络信息安全培训。同时，搭建网络安全人才体系，为档案信息内容的完整性和真实性提供有力的人才支撑。

技术层面。技术手段是档案信息安全的重要保障，针对档案数据面临软硬件系统安全、数据安全、网络安全问题，可以采取不同的技术手段加以保证。比如针对软硬件系统安全和数据安全问题可以通过数据云存储技术来解决。防火墙技术、数字签名技术等安全技术通常可以解决网络安全问题等。

面对大数据的强势来临，网络化、实时化、共享化已成为未来档案管理工作的发展趋势，档案工作尤其是档案信息资源的共建要树立资源共享、互利双赢的开发管理理念，在保证档案信息资源安全的前提下，逐步构建一套完整的档案信息资源共建体系，保证档案事业的健康可持续发展。

第四节　大数据档案信息资源的整合

随着互联网和云数据、物联网以及各种智能终端的快速发展、全球数字信息的普及和建设，大数据已经与我们的生活密不可分。每天数以万计的信息在各个网络终端进行传播，人们逐渐认识到档案信息资源的重要性。为了适应大数据时代下的各种用户的不同需求，档案信息资源的整合已经成为一种重要的分析整合手段，我国现有的数据信息整合已经取得一定成就，但仍存在部分不足。基于此，本节将简要分析当前大数据环境下的档案信息资源整合现状以及存在的问题，并给出对应意见，以促进我国的大数据共同发展，提高整体水平。

一、大数据及信息资源整合的主要特征

大数据是一个体量和数据类型特别大的一种数据集，能从各种各样类型的数据中心快速获取有价值的一种信息技术，是一种是数据很大、数据形式多样化的一种非结构化的数据，主要指数据本身的规模、数据采集工具、数据储存平台、数据分析系统和数据衍生价值等要素，主要有数据量大、类型多样、运算高效、处理速度快、产生价值等特点。

人们在日常生活和工作中所产生的数据需要专业人员按照相关统一的标准通过各种渠道、多种方式进行归类处理，通过特定的知识检索引擎建立一种全新、综合的档案文库，用于满足不同用户的需求，给人们的生活提供便捷。检索系统还会根据客户的搜索记录推荐给客户感兴趣的信息资源，为实现资源共享提供有力支持。

二、我国当前的信息资源整合形势

由于我国的大数据档案信息资源整合起步较晚，现阶段的整合服务不容乐观。当前的整合服务未能及时发现其中存在的问题，很难及时找到相应的应对措施。加之各部门之间的信息资源建立在不同区域，资源分享不够及时、整合技术较为落后、没有统一的管理系统、人才培养不到位等问题导致相互之间的发展不均衡。

三、大数据下档案信息资源整合的必要性及优势

随着大数据的不断普及，人们在日常生活和工作当中产生巨大的信息资源，需求也在不断增多，需要特定的管理部门进行整合，管理部门会运用相关的技术对这些信息进行分类整合，分门别类地对这些数据进行特殊处理，挖掘这些信息的潜在价值，了解用户需求，从用户的角度出发为人们的生产和生活提供便捷，更好地为公众服务，从而提升客户的体验感与服务质量。因此信息资源的整合是非常有必要的。

随着计算机的进步和互联网规模的扩大，档案信息资源的整合技术也在不断得到提高。相关专员在做好传统的以纸质为主的资源整合的同时也在运用现代科技技术对这些信息资源进行处理，用户在通过纸质档案查阅的同时，还可以通过网站浏览的方式进行查阅，实现了传统与现代的资源共享的高效结合。

四、大数据下档案信息资源整合的难点

资源整合意识不强。虽然我国的大数据正在不断发展，但人们对于资源的整合意识还停留在最初阶段，没有意识到资源整合的重要性。相关专员的攻坚意识较薄弱，没有树立正确的服务观念，加上用户在使用过程中没有提出整合要求，参与感不足，导致资源整合专员无法第一时间了解客户需求，及时采取有效地措施。

人才队伍不足。针对我国目前的大数据环境来看，人才缺乏是一个重要的缺口，人才的数量、质量和构成已经远远不能满足当前的大数据发展趋势，复合型人才匮乏成为档案信息资源整合与服务过程中的阻力之一，同时，各部门之间的人才资源不均衡，也成了影响的因素之一。

管理系统不统一。就当前的档案信息资源的整合与服务来看，我们的服务思想还受一些传统思维的影响无法取得进步，各部门之间的信息资源整合意识较低，不积极主动地参与整合工作，导致无法取得进步。

根据我国当前的信息资源整合管理来看，没有一个完整的、明确的标准，各信息资源部门之间无法利用相应的管理规范做到自给自足，同时也没有相关的权威机构帮助指明方向，缺乏统一健全的整合标准，影响了档案信息资源的整合与服务的进步，无法做到各司

其职。

五、大数据背景下档案信息资源整合的有效对策

改变人们的认知观念和思维观念是实现进步的前提。首先需要对整合服务专员进行专业培训，加强他们对于信息资源整合的认知，树立正确的整合与服务意识，为用户提供更加优质的服务。其次，要通过各种宣传网站加强公众对于信息资源整合的了解，建立完善的反馈机制，为及时有效地给公众带来更好的服务做出努力。

加大对于人才的引进及培养。任何一个企业和单位想要获取进步和发展都离不开人才的引进，尤其是在大数据环境下，随着时代的快速发展，人们获取信息的渠道变得越来越广，档案信息资源的管理和整合发生了巨大变化，社会对于信息资源的整合人员提出了更高的要求。相关部门应该认识到引进人才的重要性，不断完善相关队伍的建设，加大对人才的培养，树立正确的管理整合意识，想要顺应时代的发展就要不断做出改变，为更好的服务打下坚实基础。

建立统一的管理系统机制。随着信息的不断变化和提升，档案信息资源在整合过程中难免会造成不必要的浪费，为了更好地避免这种现象出现，各部门需要对信息资源的整合管理系统进行规划，建立统一的管理系统，通过统一规范的形式对资源进行整合与共享。

制定统一的整合标准。"国有国法，家有家规"，只有在完整健全的标准制约之下，才能真正实现档案信息资源的整合，协助大家进行资源共享，因此制定统一的标准是必不可少的手段。各部门应在线管的制约之下明确各自方向及目标，创建科学规范的规章制度，协助资源的整合与服务，共同促进信息资源整合的进步。

综上所述，在当前大数据时代下，为更好地迎接数据时代带来的变化和挑战，各管理部门之间应结合自身优势和不足，及时制定应对措施、建立统一标准、扩大人才队伍的建设、不断地顺应时代的发展，以利于社会对档案信息资源的共享和利用，同时为人们的生活和工作提供更好、更便捷的服务。

第五节　大数据时代档案数字资源长期保存

大数据时代数字档案以指数型倍数暴增，数字资源易获取但长期保存难度大、数字资源生命周期短、计算机载体依附等特点使其比纸质资源面临更多风险。本节通过分析大数据时代数字资源长期保存的价值，结合其存在数据结构、技术、资金等问题，提出健全法律建设、加大人才技术投入、完善备份等对策，为推动数字资源长期保存工作提供借鉴。

大数据时代海量的数字资源使传统的存储方式不足以适应社会的发展，数字资源的普及程度逐渐超越纸质资源，其独有的优势和特点以及重要价值日益凸显，同时也引发了对

数字资源存储工作的深入研究。2010 年，耶鲁大学完成了纯电子本 E-only 的推行，我国中科院已经大规模减少纸质期刊。数字资源生命周期短，为了在未来数字资源可以方便被读取、理解、利用，数字资源长期保存凸显其更高的必要性和价值性。

一、大数据及数字资源长期保存相关概述

大数据概述。大数据概念源于 20 世纪 80 年代，《大数据时代》中定义大数据为"不用随机分析法而采用；所有数据进行分析处理"；麦肯锡研究所对大数据定义是指一种规模大到在获取、存储、管理、分析方面大大超出了传统数据软件工具能力范围的数据集合，其具有 4V 特征，即数据量大、流转速度快、类型多样性、价值密度低。大数据涵盖了技术、资源和思维三个维度，其本质意义在于对数据进行加工处理挖掘数据的潜在价值。

数字资源长期保存概述。数字资源主要指进行了一定程度加工且相对独立的数字资源系统，无序的和自身没有控制的资源不属于数字资源，包括声音、文字、图像、视频等多源异构数据。数字资源长期保存是指保证数字比特流（或数字资源）可撑起维护和内容可长期获取必要的管理活动。数字资源长期保存是数字资源的长期保管并且保证其完整性有效性，确保数字资源的可持续利用，具有长期储存（storage）和长期可获取（access）性。

二、数字资源长期保存的必要性和价值性

数字资源长期保存的必要性。数字资源及数字资源保存系统的更新迭代，导致数字信息的不可读取丢失；其次，数字信息存在易被篡改的脆弱性以及受到自然灾害、人为因素影响遭到破坏，对数字资源妥善长期保存的要求相应提高。

数字资源长期保存的价值性。从理论价值来说，档案传承着人类文明的发展，是社会进步重要的文化瑰宝，是人类智慧的结晶，档案数字资源亦如此。可持续性地利用档案数字资源，汲取前人的智力成果，传承人类的思想，从而推进社会的持续创新。从现实价值来说，档案数字资源长期存储和利用为科研人员提供参考资料，为学术研究提供坚实的理论基础。档案数字资源长期存储研究促进文献资源能够更加便捷地服务于社会，不仅能够长期完整、安全地保存档案资源，同时也能长期稳定地为后代研究提供利用借鉴。

三、数字资源长期保存面临的主要问题

数据的多源异构性，限制数字资源广泛利用。业务系统和数据管理系统的多样性、差异性，以及人为数据管理的习惯性，导致各个部门累积了批量的不同格式的数据。从单一文件数据到繁杂的系统数据库，从网页信息、音频、声像数据到视频等，数据多源异构要求机构必须对批量数据进行统一的转码、处理、加工，从而使数据尽量结构统一，打通数据壁垒，并适用于各个机构部门。然而，当前很多存储系统架构及软件无法满足档案数字

资源指数暴增的态势，需要开发新的系统架构来满足现在以及未来的数据要求。

存储设备的局限性，促使数字资源保存的不稳定。存储设备更新迭代速度快的特点导致存储设备兼容性差，设备工作环境的物理环境不当也会造成设施损坏。数字媒介比传统的胶片、纸质图书生命周期更短。设备是数字资源的长期保存的载体，长期稳定的存储离不开对存储设备的定期维护、保养和更新。云存储是当前流行的存储方式，但第三方数字存储机构存在风险导致数据丢失，如360云盘服务器停止服务导致用户存在云盘里的资源遭到不同程度的损坏。

技术要求不断升级，促使资源长期保存面临新挑战。数字资源长期保存技术设计数据抽取、通用计算机虚拟（UVC）、数字再造技术等。存储器是数字档案资源存储重要影响因素，其存储的质量关系到数字档案的安全性。云储存技术、区块链技术当前尚未成熟，存在数据安全和隐私问题。因此数字资源长期存储所依靠的优质环境离不开安全技术的不断提升来充分保障存储系统的安全稳定。

资金投入不足，阻碍资源长期保存策略进程。数字资源长期存储的投入包括设施、人力技术、维护等费用，为采用最低的成本存储最有价值的信息，数字保存机构会对长期存储的数字资源数量进行限制。制定合理的存储策略，吸纳有利的资金支持，也是长期保存工作的重点。

四、档案数字资源长期保存实施路径

建立健全档案数字资源相关法律法规建设。法律法规可以有效保护数字资源的长期保存。目前，档案数字资源相关法律法规相对滞后，《档案法》的修订草案还未正式实施。同时，法律用词较笼统模糊，操作性不强，主观性强。因此，重视档案数字资源长期保存的法制建设，提升法律的规范性与可操作性，明确档案数字资源"保存什么""由谁保存""如何保存"等，规范数字资源的安全标准和法律措施，为数字资源的长期保存提供有力的保障。

推进数字资源保存技术与存储模式的深入研究。大数据、云计算、AI技术的快速发展推动了档案数字资源的长期存储的发展，同时也对档案数字资源的存储安全、信息隐私、数据真实性带来了挑战。数据安全方面，加强计算机防火墙与防病毒防御功能，开发新存储系统，将存储系统与外界网络断开。推进大数据存储模式探究，大数据存储意指将数据集合存储在计算机中实现长期可持续可利用。在数据开放的范围内，数据资源对公众是透明并且可以随时随地使用的数字资源。而在该种模式下，需要各部门共同合作，将有价值的数字资源存储在大数据系统中。

制定合理的档案数据备份与恢复策略。备份工作是档案数据信息系统的日常管理的重点，需要构建科学完善的数据备份和恢复机制来避免数字资源灾害造成的危害。档案数字资源的安全隐患主要来自自然灾害和人为因素两方面，因此，定期做好备份并完善恢复系统极其重要。

　　档案数字资源长期保存是一项持续且复杂的系统性工程，需要法律、人才、科技、资金等方面的支持。在紧跟大数据的发展步伐、规避传统存储方式的问题的同时，也要规避大数据、人工智能等新技术的弊端。档案数字资源长期保存需要制定灵活、合理的存储策略，确保有价值的档案资源和人类记忆在大数据技术的支持下能有效地长期保存。

第八章　基于大数据的档案资源建设的发展

第一节　大数据城建档案信息资源建设

当前，随着信息技术的普及应用，其在越来越多的领域中得到了广泛应用，相关技术的应用给各项工作的开展提供了更多的便利。而城建档案作为城市建设信息的载体，其包含着城市多元化的信息，对于城市的发展建设有着极为重要的影响，将大数据技术应用到城建档案信息资源利用工作中，可以更好地对城市进行规划、管理。

城建档案是城市建设信息的载体，是城市建设档案的汇集中心，其保管着整个城市的建设工程档案，包含有建设工程前期资源、施工资料等，城建档案所保管的信息可以全面反映城市建设工程项目情况，可以帮助城市管理者对城市未来的发展进行更加合理的规划，为城市居民提供更加便捷的生活。传统的城建档案管理以纸质管理为主，这种管理方式工作量大，容易出现疏漏，在信息技术的发展建设下，逐渐被时代淘汰。在这种情况下城建档案信息化管理应运而生，其给城建档案管理和应用提供了更多可能性。下面，笔者将结合自身的理解和认识，对相关工作进行详细分析和论述。

一、当前城建档案信息资源利用中存在的不足

（一）收集范围有限

结合当前各城市城建档案收集现状来看，其存在的突出问题就在于档案收集范围有限，其多以工程档案为主，但是其他档案严重不足。而且随着城市发展建设的不断加快，许多城市都存在地上空间不足，因此地下建筑的开发建设受到了前所未有的重视，地下城建项目不断增多，然而在实际的城市建设项目收集中，针对地下建设项目的档案收集和管理却并不是十分的重视。同时，档案收集还存在结果性文件多、过程性文件少的情况。这种收集模式，虽然能够满足现阶段城建档案管理和利用的基本需求，但是由于收集范围不够全面，导致档案利用效率低，价值不突出。

（二）重文件管理轻数据应用

城建档案信息化建设期间，档案的管理和资源的应用原本应当是并驾齐驱的，这样才

能真正地凸显城建档案信息化建设的作用价值，然而结合当前城建档案管理运用的实现情况来看，其还存在重视文件管理、轻视数据应用的缺点。城建档案数字化发展速度虽然比较迅速，但是工作的重心往往都在文件的信息化收集、管理和利用上，数据仅仅是档案收集管理的辅助工具，其被应用的范围少、频率低。

（三）城建档案数据质量低下

在城建档案信息资源利用的过程中，要想最大限度的发挥档案的作用价值，为城市后期的发展建设提供更多的便利，那么在档案收集管理工作中就必须要想办法提高档案数据质量，保证数据收入的真实性，然而在实际城建档案信息化建设过程中，却存在数据采集、归档不健全的问题，如《城市建设档案著录规范》没有跟上时代发展需要，没有充分考虑到档案信息化的情况，因此各城建档案管理机构对于数据的格式要求、采集要求也缺乏统一的标准，导致采集和录入的数据质量参差不齐，因此相关工作的开展并不是十分的理想。此外，在城建档案信息资源利用管理方面还存在管理人员思想观念落后，没有认识到城建档案信息资源利用的重要性，管理技能水平很差等多方面的不足。

二、大数据时代城建档案信息资源利用策略

（一）做好政策和资金方面的支持

城建档案大数据的建设，涉及城市规划设计、工程项目建设等多方面内容，同时其对于人们的生产和生活产生了极大的影响。因此，城建档案大数据建设并不是一项能够马虎的工作，在具体建设过程中，其必须要获得政策的支持，并且拥有充足的支出保证各项工作的顺利开展。从政策方面来说，政府要积极的推动城建档案大数据的建立，如可以借助法律明确城建档案大数据建立的必要性，为后期城建档案信息资源利用做好充足准备，同时还需为城建档案管理机构申请专项资金用于数据建设工作。而从资金方面来说，除了政府提供的资金以外，还可以积极地与企业以及其他社会机构建立合作，筹措更多的资金用于城建档案数据建设以及档案信息资源利用工作。

（二）建立城建档案数据采集标准

结合《城市建设档案著录规范》以及现有的城建档案管理系需求来看，以城建档案大数据为目标，建立一套城建档案数据采集标准是极为必要的，这样在采集各项城建档案数据时，档案管理人员能够更加全面、细致的建设工程信息项，在数据建设及应用遇到疏漏时，也能够及时地采取有效地措施予以解决，这样档案资源在调配和使用时更加的顺畅，其进一步发挥了城建档案信息资源利用的质量和效率。

（三）进一步整合城建档案资源

要想真正地做好城建档案信息资源利用工作、发挥档案的价值作用、建立城建档案大数据，还需进一步整合城建档案资源，将各类数据和信息汇总。城建档案管理机构是一个

城市或者是地区的档案汇集中心，在大数据时代下城建档案信息资源利用过程中，可以加大相关领域的投资建设力度，调动职工的工作积极性，突破档案的来源限制，促使城建档案信息资源高度集中，以便更好地发挥档案数据作用，做好档案信息资源利用工作。

（四）转变管理思想观念，加强技能培训

大数据时代城建档案信息资源管理虽然变得更加的高效便捷，但是当前从事城建档案信息管理工作的许多职工对于城建档案信息化建设的重要性却始终缺乏明确而清晰的认识，而且职工在应用大数据技术时也有所欠缺。针对该问题，笔者认为企业还需想办法进一步做好职工的技能培训，保证其已经掌握最新的技能技术，这样才能更好地发挥相关技术的作用优势。

三、大数据时代城建档案应用发展前景

当前针对城建档案的应用主要集中在城市规划和建设两个领域，一方面其可以服务于城市建设的空间布局和规划。城市的规划建设，会对其未来几年甚至是几十年的发展产生深远影响，同时也将会对现阶段城市居民的生活产生影响。因为城市建设具有地域性的特点，所以城市规划建设还需做到因地制宜，这样才能更好地促进城市的发展建设，而借助大数据技术所收集到的城建档案更加全面翔实，能够更好地为城市建设规划提供可靠的依据和指引。另一方面城建档案信息资源利用可以服务于智慧城市建设。智慧城市的基础就是建立一个统一的、全面的、涵盖各行业智慧的基础数据中心，而这些都需要城建档案作为基础，对城建档案信息资源的利用可以有效达到相应的目的。

总之，城建档案管理对于城市的发展建设以及居民的生活等都有着重大的影响，而大数据在城建档案中的应用，则可以有效地提高档案管理的质量和效率，促使档案信息资源等更好应用，为城市规划建设提供更加可靠的参考依据，这不论是对城市的发展建设，还是居民的健康生活都有着更加积极的意义。

第二节 大数据时代国土资源档案建设

目前，在我国的社会经济服务过程中，国土资源档案管理在其中发挥着十分重要的作用。在国土资源中记载了非常重要的国土活动信息，可以为政府部门开展国土工作提供一定的参考。在传统的国土资源档案管理工作中，通常都是依靠人工操作的方式来进行，不但涉及的工作量非常大，同时也很难保证信息更新的及时性与准确性。如今，在大数据时代不断发展的背景下，应该逐渐改变传统的国土资源档案管理方法，对信息技术进行充分的利用，从而才能为政府部门提供更加便捷的信息渠道。

通常情况下，在土地及地质矿产等国土生产活动中会产生非常多的数据信息，而这些

数据需要记载到国土资源档案中，通过这种方式可以促进政府部门对土地信息资源进行全面的掌握。如今，在大数据不断发展的时代背景下，为国土资源档案管理创新工作提供了良好的基础条件。

一、大数据时代国土资源档案管理面临的挑战

如今，在大数据时代不断发展的背景下，对于传统的国土资源档案管理模式产生了巨大的影响，同时也为国土资源档案的管理和利用带来新的、符合时代发展需求的管理模式，并在服务功能方面做出相应的改变。结合实际情况可以了解到大数据在形式上具有一定的多样性，并且涉及的信息量与数据格式比较多，这给我国国土资源档案管理工作带来了一定的机遇和挑战。

（一）国土资源数据提取与发现难度较大

结合实际情况可以了解到，在国土资源档案管理中，因为涉及的档案内容非常多，所以在整个管理工作上呈现非常明显的复杂性，并且管理周期比较长，档案经常会出现老化现象。在传统的国土资源档案管理工作中，数据的记载与记录通常都是通过人工编著或者是检索的方式进行，如今，每天新增的国土档案不断增加，这种管理方法在使用中对于工作效率以及质量提升形成了非常严重的阻碍。同时，在传统的国土资源档案管理工作中，通常所使用的机械设备比较落后，更新速度缓慢。如今，在信息技术不断发展的背景下，逐渐产生了明显的信息泛滥问题，这就对大数据的合理使用产生了一定的影响。主要是因为在国土资源中涉及的数据资源非常多，所以很难对信息进行有效地检索。

（二）档案资源开发与知识服务中存在的问题

基于大数据时代不断发展的背景，对于国土资源信息提出了更高的要求，国土资源不动产登记中心已经成立，所以国土与房产结合的不动产登记中心以及大数据的建立有着重要的作用。而传统资料与数据呈现明显的单一性，这就需要对数据实现充分的挖掘，从而体现出国土资源数据的层次性。因为受到大数据时代的影响，所以在国土活动中产生的数据一直呈现上升的趋势，这就对监所工作带来了非常大的难度。在大数据时代发展中，需要对非结构数据信息进行再次开发，同时结合实际情况对国土资源档案管理未来的发展方向进行明确。在这一过程中可以对计算机技术进行充分利用，在此基础上可以实现对数据的充分挖掘，通过这种方式不但可以获取到相应的数据，并且还能构建出完善的智能服务体系，实现对不动产登记中心大数据的有效建立，这对我国土地房产信息统计工作的开展有着非常重要的意义。

（三）对于档案管理人员综合素质水平提出了更高的要求

基于大数据时代背景，对国土资源档案管理工作提出了更高的要求。针对这种现象，对于相关的国土资源档案管理工作人员而言，一定要加强对相关知识的学习，只有这样才

能为国土资源档案管理工作开展奠定良好的基础条件。但是，在目前的国土资源档案管理工作中，很多档案管理人员因为受到传统思想观念的影响，观念比较老旧，已经不能再满足新时期发展的要求，所以很难接受新的管理方式，同时对于专业知识了解比较少，这对于国土资源档案管理创新工作的开展形成了非常严重的阻碍。针对这种现象，相关部门一定要加强培训工作进行全面落实，通过学习使档案管理人员可以逐渐改变传统的思想观念，树立先进的管理意识，并不断提升自身的专业水平与理论水平。

二、大数据时代国土资源档案管理的创新策略

（一）利用大数据技术提升数据提取效率

随着大数据时代的不断发展，大数据技术已经在很多行业中实现了广泛的应用，主要是因为大数据技术可以在大量的信息中获取有价值的数据信息，并且还能实现对数据信息的有效整理与分析。因此，如果将大数据技术应用于国土资源档案管理工作中，就可以帮助国土资源档案管理部门在较短的时间内获取所需要的信息，使国土资源档案管理部门的管理水平实现明显的提升。对于我国相关的国土资源档案管理部门而言，一定要实现对大数据技术的充分利用，在此基础上促进数据提取效率的不断提升，针对各种基础工作可以起到非常重要的完善作用。结合目前的实际情况来看，我国国土资源档案管理部门已经实现了历史档案信息化，这就使得档案数据信息不断增加。在这一过程中可以对 GIS 技术进行合理使用，在此基础上可以实现对数据信息的统一管理，并构建科学的数据储存空间，通过大数据技术分析整理功能的发挥，可以实现对价值信息的充分挖掘。

（二）提升档案资源的知识服务水平

基于大数据时代环境，应该对档案信息价值进行充分的利用，加强对国土资源档案管理的创新工作。在国土资源档案管理的创新工作中，一定要在思想上树立较强的服务意识，并不断提升整体服务水平，在此基础上促进国土资源档案管理效用的提升，从而在更大程度上满足社会需求。在这一过程中可以对 PDCA 循环计划进行充分的利用，其中 P 指的就是计划，在计划过程中需要结合实际情况对方针与目标进行明确，从而在此基础上制订整体性的计划；D 指的是执行，也就是需要对计划中的内容进行严格执行；C 指的是检查，对于最终的执行结果与效果进行全面的检查；A 指的是行动，是对总结检查结果做出有效地处理。以上工作的有效实施，对于提升国土资源档案管理质量有着非常重要的作用。

（三）提升国土资源档案管理人员的综合素质水平

在国土资源档案管理工作中，档案管理人员在整个过程中起着非常重要的执行作用，其自身水平与档案管理效率和质量有着密切的联系。因此，在大数据时代背景下，要想促进国土资源档案管理工作的有效创新，对于相关的档案管理人员而言，一定要加强对专业知识的学习工作，在思想上树立责任意识。国土资源档案管理部门应该在一定的时间内开

展相应的培训活动，使档案管理人员可以对先进的档案管理方法进行全面掌握。

三、大数据时代国土资源档案知识服务研究

针对国土资源档案数据、知识以及信息等进行再次开发的过程属于知识服务，主要是为了实现对信息的搜寻及组织开发等工作，结合实际需求提供有力的创新服务与知识应用。基于大数据背景下的国土资源档案知识服务体系具有面向智慧服务以及自主需求知识服务的特点，所有的用户都可以参与其中，可以实现知识能力与资源的有效共享。因为国土资源档案知识服务体系所具备的这些特点，也为国土资源档案对智能化管理提供了非常重要的参考作用，从而实现国土资源档案管理系统建设快速发展。

综上所述，在大数据时代不断发展的背景下，传统的国土资源档案管理方法已经不能再满足时代的发展需求。针对这种现象，一定要加强对国土资源档案管理的创新工作，转变传统的思想观念，实现对信息技术的充分利用，在此基础上才能促进国土资源档案管理工作效率和质量的提升。

第三节　大数据医院档案信息资源建设

现阶段，大数据推动着信息内涵由新闻等形式向各类数据拓展，逐步从信息时代向数字、智能时代转变。该过程中，背景数据变成了信息，而数据规律变成了知识，依靠相应工具实施数据分析进而服务决策的便是资源。下面便就大数据内涵、医院档案信息资源相关利用策略等展开探析。

大数据指的是借助计算机、信息处理等相关技术于短时间内针对数据信息实施收集、获取直至管理的全部过程。通常数据产生、发展涵盖如下阶段：系统运营、用户自创及系统感知。现阶段庞大性、快速生成和多元性等特征逐步成为数据资源的重要特点。尤其是对于系统运行、用户自创两个阶段而言，其处理单位有时要超过 GB 甚至 TB 等单位。当前很多处理单位可以借助 PB 进行计量，同时数据库也并非是对数据实施简单整合与对比，必须向着结构化发展。该数据不论是应用范围还是重复率均较为理想。此外，还可将数据处理看做是辅助，为其他管理实施夯实基础，进而提升其利用价值，确保资源应用得到有效拓展。

医院推进档案信息资源利用的重要意义。医院以大数据为基础推进档案资源利用，可以突破档案信息间存有的部分闲置，推动数据管理向开放性转变。同时此类数据化操作还可为多个部门提供契合工作特性的查询、整合或者是共享服务，从而有效强化资源价值。此外，随着卫生改革体制的持续推进，医院若想向着信息化推进便需要从大数据出发，对各类网络化模式的服务机制加以健全，依靠信息管理等多种手段优化资源流动。于多种医

疗结构间构建以患者病例为基础的共享机制，从而为多点执业夯实基础。

一、大数据背景下医院档案信息资源相关发展

资源总量持续提升，种类繁多。现阶段，医院档案信息资源在总量方面持续提升，种类也逐步向着多元化转变。诸多仪器设备（CT、CR、MRI 等）均需形成相应的影像资料，而该类资源必须转变成信息资源。但因为影像资料在内存占用方面较大，每年资料的生成可以达到 20TB。再加之住院病历也逐步变成数据形式，同时医院还需要以相应卫生要求为导向进行保存，比如住院病历需要保存至少 30 年，而门诊病历也不可低于 15 年。若此类病历均转换成数据形式，则每年的数据生成便可达到 100TB。就信息种类而言，包括病历、人事管理、行政文书、医院基建等多类资料，均需严格把控。该类档案在结构层面差异明显，档案数据均需依靠管理流程得到完善与更新。

流动性强但是很难高效利用。由于病人就诊量较大，因此档案资源必然具备较强的流动性，很多数据资源必须借助医院相应的事务管理才能快速生成、更新。现阶段，医院在档案资源利用层面并不理想，很多医院仅对数据收集和录入进行关注，并且其数据管理也仅仅是保存数据。但当前事务管理逐步以信息资源为基础才可高效开展，只有针对数据实施高效分析、处理才可提升数据价值。此外，数据管理当前仍旧是分体管理形式，数据资源在协调管理和整合层面仍旧不够理想。

二、大数据背景下医院推进档案利用面对的挑战

信息收集层面。医院若想以大数据为基础推进档案利用仍旧面临诸多挑战，必须攻克数据挖掘层面存在的诸项技术难题。第一个便是信息收集层面的问题，由于大数据具备庞大、价值量大与模态较多等特征，如果仅是以大量数据为对象实施单纯化的采集，便会导致人力、物力等的无谓浪费。同时，此类数据收集也很难契合原本的意义和目标。因此，怎样针对物联网或者是信息系统等多样化的数据展开收集，并且做到去伪存真，从多角度出发来确保数据足够全面仍旧是实现资源利用的重要问题。

数据存储层面。数据存储除了要确保低成本和能耗之外，还应足够可靠。当前数据增长呈现爆炸性，必须准备相契合的存储空间，因此存储架构是否合理与医院 IT 成本、运营成本等联系极为密切。现阶段，数据激增使得档案存储扩容面对较大压力，而数据存储还应足够连续与可靠。若系统存有故障又无法快速恢复，必然会使患者满意度、业务进展等遭受影响。此外，以敏感数据为对象实施分析时还应做好信息保密，对恶意使用等状况加以规避。

数据处理和呈现层面。医院档案在数据结构层面相对复杂，并且样本很多，很难借助传统方式加以描述与度量。尤其是对于那些非结构化或者是半结构化的数据来说，现阶段并没有针对此类数据研发的成熟技术。其次，当前智能化仅能就那些规模不大并且结构简

单的数据进行分析，必须依靠深层数据挖掘实现结果呈现。

三、医院推进档案信息资源高效利用的策略探析

从档案信息出发强化利用，以大数据为基础开发相应技术产品。现阶段，医院档案信息需要给予大数据开发以深层关注，也不单单是因其技术运用具备可能性，同时也是推进管理机制改革的重要要求。医院推进管理建设必须重视档案管理，依靠档案的智能管理确保资源利用更富高效性和便捷性，进而达成部门共享、服务水准提升的目标。同时，医院还需要以大数据为基础推进相应技术产品的开发，依托技术来强化数据收集、处理等水准。

对相应法律规范加以完善。推动档案资源利用向智能化前进，需要依靠政府、医院的协同合作，从法律法规、机制等层面出发给予大数据更多法律支撑。对于数据资源管理而言，不仅要服务大众，同时还应对其隐私权等加以保护，对存有的数据恶意转化等情况加以规避，从数据挖掘和利用出发明确相应范围，并对其使用权限等加以规范。法律规范需要以公开透明为导向制定，确保信息安全得到切实维护。

推动人才培养向创新型转变。推动人才培养向创新型转变是医院以大数据为基础进行档案管理的重要保障。医院需要对人才培养、管理加以深层关注，确保临床医生相应的应用水准得到切实强化。此外，还应就资源呈现加以规范，确保资源管理以相应程序为导向做到深层加工，为强化利用效率夯实基础。

总之，医院以大数据为基础推进档案信息资源利用，必须明确档案利用现状，并从数据收集直至维护的全程出发研发技术，构建数据库、检索系统等多项智能化体系。此外，还应强化人才培养，确保员工素质契合医院建设的要求；对相应法律法规予以完善，依靠政府、医院协同合作给予档案资源更多支持，为推进医院建设夯实基础。

第四节　大数据高校数字化档案资源建设

基于大数据技术，探讨大数据的特征与应用优势，分析高校档案管理的整体需求，并对大数据时代高校档案管理面临的挑战以及数字化档案资源管理的策略进行深入的研究。

随着人们生产、生活不断发展，来自各个途径的数据量正不断增加，与此同时，人们获取信息和处理数据信息的效率却逐渐下降。这样在宏观需求的持续作用下，大数据处理技术便直接产生。大数据处理技术的重点在于能够有效整合数据信息，并在固定的口令下将数据进行预期内的处理。当前大数据已经成为人类社会中必然存在的元素，各个传统工作模式与大数据处理技术进行融合，已经成为必然趋势。高校档案资源也具有大数据属性，因而档案工作人员在管理档案资源时，实际上就是进行数据处理工作。传统模式内数据处理工作的效率已经不能满足当前的处理需求，本节选择以大数据为背景对高校数字化档案

管理方法进行研究，如果以提升高校档案工作效率为目标，那么该研究方向具有切实的研究价值。

一、高校档案管理的整体需求

（一）信息数量与日俱增形成处理规范性需求

首先，高校存放的档案包括学校正在学习的学生，也包括毕业生档案及相关材料等。学生档案只是高校档案的组成部分，档案馆（室）还包括党群类、行政类、财会类等类别档案，因此在高校不断发展的过程中，其所包含的数据信息量必然会不断增加。

其次，高校的档案工作不仅限于对当前的材料进行整理。档案工作人员需要安排时间对以往的档案加以整理，甚至还要对档案信息进行重新核对和调整。通常档案管理观念从更新到落实的时间相对较短，在时间限制情况下，档案管理者便很难能够规范的完成整理工作，因而在当前信息数量与日俱增的状态下，高校档案管理的核心需求便在规范处理这一范围内。

（二）受政府管制形成快速传递性需求

公办高校基本都会受到政府部门的宏观管制，这是因为政府负责为高校输出资金资源和师资力量，而有输出则需要付出回报。政府便会对高校的资金使用状况进行调查，而调查共分为两个步骤：

一是高校按照需求整理出与工作报告对应的相关材料；二是政府派遣固定的监察人员进入高校进行检查。政府会要求专人进行检查，但相关的数据信息仍然需要被输入宏观管理的数据库，成为重要的备份信息。高校与政府方面已经熟悉这种工作模式，但这并不代表这种工作模式具有长期使用价值。当前政府和高校均需快速地完成信息传递，这样才能减少一些不必要的成本输出，如交通成本、信息传递成本等。

（三）校内教育职能的增加产生多功能需求

我国已经进入现代化发展阶段，高校本着为学生提供优质教育服务的原则，必然会不断增加校内的教育职能。当高校方面增加教育职能，就意味着档案馆（室）内也需要随之更新管理技术，这样才能配合高校的发展，保证能够维系好高校的发展诉求。例如，当前部分高校为了促进新型校企合作模式的发展，他们便会在校内开展对外教育，吸引一些社会中的人才进入高校学习。在校企合作的状态下，高校档案馆（室）也应适当开放部分空间用以存放社会人员的档案材料，需要定期对档案进行分类管理。因此在高校不断对外发展的过程中，高校档案资源管理工作也将产生多功能需求，他们需要更加完善的操作流程来减少管理过程中的工作，减少不必要的成本支出。

二、大数据时代高校档案资源管理工作面临的发展挑战

（一）大数据独有的信息处理优势对传统管理形式形成挑战

首先，当前仍然沿用传统管理模式的高校档案部门可知，这些档案部门在开展工作时基本以人力作为主要的推动力，他们需要在规定的时间内完成整理和著录等工作，这类工作单调、枯燥，仅凭人工很容易在操作过程中出现错误。错误的档案信息会直接影响到查询结果，档案部门为了减少错误概率，便会在完成整理、著录工作后，再次对工作成果进行审核。

其次，大数据具有多样信息处理优势，不但能够将整个数据群作为信息采集的基点，更能够将数据处理的速度无限提升，而这正好能够弥补传统档案管理模式所欠缺的内容。因此在大数据技术不断升级的背景下，高校传统的档案管理模式便受到了直接挑战。

（二）高校大数据背景的强化令高校面临改革诉求

当前国内多数的高校都已经完成现代化建设，不仅是教育教学功能开通了信息化渠道，一些传统的管理模式也开始与现代化技术接轨。虽然高校档案管理工作与教育教学事业并无过多联系，但档案管理工作属于高校工作的组成部分。从档案馆（室）工作人员的角度来看，如果高校未能完成数字化档案管理的建设，就会对档案工作人员的工作效率造成影响。高校不但会面对数据时代带来的挑战，也会面对来自档案管理团队内部的改革诉求，因而高校理应尽快完成数字化档案资源管理模式的建设。

（三）建设投入与实际使用之间产生矛盾

部分高校已经完成数字化档案资源管理模式的建设，但在实际应用过程中却常会面临以下问题：

第一，高校在实现档案馆（室）数字化建设时必然会引入数字化的软件系统，而购买的软件系统具有功能固定的特征。档案工作人员在应用过程中会发现基于大数据处理软件中多数的功能都并无实际作用。软件系统的购买和应用都会输出一定的资金资源，如果使用者无法发挥其作用，就必然会造成资源浪费。

第二，部分档案馆（室）内的工作人员自身并未调整好改革思路，他们会适当应用数字化设备，但多数工作仍然由人力完成。这种工作模式也无法充分发挥数字化档案资源管理的实际作用。

（四）电子管理与传统管理方法之间难以调和

虽然高校档案部门能够完成数字化的建设，但部分档案因安全维护原因仍然需要在实体环境中完成监管。这就形成了一定的矛盾，那就是负责数字化档案资源管理的工作人员和负责实体档案管理的工作人员无法明确的分离工作内容。这种混乱的工作状态会直接降低高校档案资源管理的整体效果，会造成一定程度的录入错乱或录入重复等现象。针对这

类现象，多数高校都很难找出能够妥善解决的方法。高校可以肯定建设数字化档案资源管理模式属于必然项目，而在实体情境中对档案资源进行保护也属于必然工作，那么高校要尽快调和两者之间的关系，只有妥善调和电子管理和传统管理方法，才能使高校的数字化档案资源管理工作正常运行。

三、基于大数据的高校数字化档案资源管理策略

（一）高校档案部门应转变管理观念，建立数字化管理模式

首先，尚未完成数字化建设的高校应该转变管理思路，务必要清晰地意识到大数据处理技术所具有的优势。大数据关键技术主要分为四点：数据集成、分布式文件存储、MapReduce 以及数据可视化技术。大数据关键技术可有效提升档案管理效率，因此不仅高校档案部门工作人员需要转变观念，高校领导层也需要意识到其应用优势，转变观念才能促进改革。

其次，在完成对观念的转变后，高校应该对当前以传统模式开展的档案管理工作进行调查，重点采集档案管理者对当前工作的意见，这样才能高效地建立数字化管理模式。根据高校的实际需要，高校档案资源管理的功能属性应围绕在集成与服务方向。

最后，在建立数字化管理模式的过程中，高校需要与当地政府进行交流，要尽量保证高校档案馆（室）所建立的数字化管理系统能够与政府教育主管部门所用的系统进行联通。这样才能方便双方进行交流，从而减少一些不必要额实体资源输出。

（二）不断吸收大数据新思想，有效创新数字化档案管理模式

大数据技术实际上并未成熟发展，大数据处理技术正在不断升级，而高校虽然无须跟随技术发展的脚步进行更新，但也要建立创新应用的观念，这样才能保证自己所应用的技术具有时代发展特征。高校作为以教育教学为主要功能的教育机构，其档案管理部门并未拥有专业的技术嗅觉。高校便需要将视线转移到其他院校，通过吸收兄弟院校数字化档案资源管理的成功经验，并按照先进经验对自身的管理技术和管理模式进行调整，才能保证自身数字化档案资源管理的整体质量。高校在获取外部经验资源时需要注意，选择对比对象时务必要保证对比数量，单一的对比结果不能直接说明问题。基于大数据的高校档案资源集成与服务系统，应该以下述管理模式为主，即以知识库作为数据核心，档案信息完成实时采集、实时分析、动态存储。若分析行为中出现错误数据或冗余数据，系统应将数据删除。规则库以及知识库内部也需要定期对数据进行清查，定期分析过程中若出现冗余数据，也应送至处理区删除。经过分析板块的数据信息可以进行展示，从实时采集到数据展示整个过程，就是高校档案资源管理系统的常规管理流程。

（三）建立个性化建设思维，减少无效资源的输出

针对档案管理系统功能与实际应用存在矛盾的现象，高校可以选择偏自由的建设方式。

那就是高校改变直接购买档案管理软件的路径，改为聘请专业的互联网工程师，依照档案馆（室）工作人员的工作习惯及工作需求设定软件功能。重点在于要将软件的内部功能贴合高校自身的档案管理特色。同时工程师也需要在安全性和身份验证方面重点进行建设。工程师可以选择建设将实体与电子档案同步管理的软件形式。高校可以采用电子条码的形式为每份档案进行单独编码，而后再将档案以扫码的形式进行管理。不同分区管理的档案在计算机上的呈现方式也需要具有分区特征。当人们在实体环境中调用档案时，PC端应该及时更新状态信息，这样便能最大限度地提升档案资源管理的有效性。高校务必要减少输出无效资源的次数，这样才能令输出有效。

（四）做好职能区分，将传统管理与数字化管理同时运行

高校应该对档案部门工作人员的工作责任进行清晰划分，主要负责实体档案与电子档案的成员之间也应对能力以及职权进行划分。对于一些选择同时进行实体管理和数字化管理的团队成员而言，需要利用计算机完成的管理工作应该标定时间、做好记录，尽量保证档案工作人员的工作密度和工作进度平衡，这样才能避免矛盾现象的发生。做好职能区分后，高校应完善档案资源服务体系。服务体系运行状态共分为两个结构，即前台与后台。信息服务人员，也就是档案馆（室）内的数字化工作人员需要先将档案信息利用大数据关键技术写入数据库内，而后数据库内信息会以管理系统预定的流程为驱动传送信息。信息会在下一阶段进入资源服务传输平台，继而完善呈现给用户。用户阅读后可编辑反馈信息，并将信息传送至传输平台内，再逐步进入管理系统、数据库，最终传送回工作人员页面中。这样高校档案资源管理就可以在大数据关键技术的辅助下，完成集成与服务工作。

本节以大数据时代为背景，对高校数字化档案资源管理的建设策略和运行思路进行了深入的研究分析。就高校而言，能够在快速和安全的情境下完成对档案资源的管理，对高校的健康发展具有推动作用。

参考文献

[1] 王冬梅. 电子档案数字化管理的优缺点及其提高管理水平的措施 [J]. 信息记录材料，2018，19（07）：109-110.

[2] 闫成聚. 新时期档案数字化管理及其创新策略 [J]. 中国管理信息化，2017，20（05）：175-177.

[3] 田爽. 新时期事业单位档案管理的创新思路探究 [J]. 科技传播，2016，8（03）：60-61.

[4] 李守利，张磊. 疾控中心档案管理与档案利用 [J]. 中国卫生产业，2017，14（33）：131-132.

[5] 赵金凤. 浅谈档案管理现代化与档案信息化建设 [J]. 水利建设与管理，2010，30（12）：32-33.

[6] 顾昕. 基于档案管理信息化条件探讨档案管理的现代化趋向 [J]. 中外企业家，2016，26（14）：109-110.

[7] 史灵芝. 档案信息化建设与档案管理研究 [J]. 中国管理信息化，2016，19（14）：187.

[8] 李晓琳，王艳华. 关于档案信息化建设与档案管理的探索 [J]. 企业改革与管理，2016，14（5）：115-116.

[9] 陈志文，方凤英. 浅谈档案信息化管理面临的问题及对策 [J]. 经营管理者，2014，11（12）：148-149.

[10] 杨柳，史小建，王淑梅. "信息与档案管理" 课程教学改革探究 [J]. 河北农业大学学报（农林教育版）.2016，18（2）：89-92.

[11] 刘小琴. 高校档案管理选修课教学研究 [J]. 安徽工业大学学报（社会科学版）.2010，27（2）：162-165.

[12] 李晓琳，王艳华. 关于档案信息化建设与档案管理的探索 [J]. 企业改革与管理，2016，14（5）：115-116.

[13] 王晶，李晓华. 档案管理工作必须为档案信息资源的开发和利用服务 [J]. 黑龙江科技信息，2010，02（11）：139-140.

[14] 陈志文，方凤英. 浅谈档案信息化管理面临的问题及对策 [J]. 经营管理者，2014，11（12）：148-149.

[15] 王敏 . 档案信息化建设与档案管理的几点思路 [J]. 中国管理信息化, 2017, 20（16）: 181.

[16] 李晓琳，王艳华 . 关于档案信息化建设与档案管理的探索 [J]. 企业改革与管理, 2016，14（5）: 115-116.

[17] 张晓伟 . 干部人事档案工作现存问题与优化建议分析 [J]. 科技展望, 2016, 26（17）: 253.

[18] 林越陵 . 档案学理论基础 [M]. 呼和浩特: 内蒙古人民出版社，2001.

[19] 杨丽 . 基层党建档案管理工作中的问题与解决措施研究 [J]. 北方文学旬刊, 2017, 23（05）: 178.

[20] 蔡丽秋 . 基层党校图书资料管理工作中存在的问题及优化措施 [J]. 赤子: 上中旬, 2016，15（11）: 164.